中外文稀有版本文献

《法兰西内战》

④

法兰西内战

【德】卡尔·马克思◎著
郭　和◎译

中央编译出版社
CCTP Central Compilation & Translation Press

《法兰西内战》的出版与传播①

（代序）

作为出生和成长于比较落后的德国的马克思，对于法国大革命以来的这段历史非常关注。著有《1848至1850年的法兰西阶级斗争》《路易·波拿巴的雾月十八日》等重要著作，充分显示了他的历史唯物主义方法的科学性及其理论的力量和预见性。巴黎公社起因于普法战争，在写作《法兰西内战》之前，马克思还起草了国际工人协会总委员会关于普法战争的两篇宣言。因为这两篇宣言与后来写的《法兰西内战》关系密切，而且，马克思在写《法兰西内战》时也提到了第二篇宣言，所以，恩格斯1891年编辑《法兰西内战》单行本时收入了这两篇宣言。为此，恩格斯写道："在上面提到的这篇篇幅较大的著作前面，我加上了总委员会关于普法战争的两篇较短的宣言。首先，是因为《内战》提到了第二篇宣言，而第二篇宣言如果没有第一篇宣言作参照，是不能完全弄明白的。其次是因为这两篇同为马克思所写的宣言，也和《内战》一样，突出地显示了作者在《路易·波拿巴的雾月十八日》中已经初次表现出的惊人的才能，即在伟大历史事变还在我们眼前展开或者刚刚终结时，就能准确地把握住这些事变的性质、意义及其必然后果。"②

---

① 本内容主要参照和引用了《马克思恩格斯文集》第3卷中的题注资料和人民出版社1976年1月编印的《马克思恩格斯著作的发表和出版》一书，原著为前苏联学者列文所著，1948年在苏联出版。

② 《马克思恩格斯文集》第3卷，北京：人民出版社2009年版，第99页。

一 《国际工人协会总委员会关于普法战争的第一篇宣言》的写作与早期传播

《国际工人协会总委员会关于普法战争的第一篇宣言》是马克思在1870年7月19—23日写成的。

1870年7月19日，即在拿破仑三世的政府狂妄地向普鲁士宣战的当天，总委员会委托马克思起草关于这次战争的宣言。宣言在7月23日的总委员会常委会上通过，在1870年7月26日的总委员会会议上被一致批准。宣言首先用英文刊登在伦敦1870年7月28日《派尔-麦尔新闻》第1702号上，几天以后以传单的形式印行了1000份。英国的许多地方报纸也全文或摘要转载了宣言。宣言曾送交《泰晤士报》编辑部，但该报拒绝发表。

鉴于宣言的第一版很快就脱销，1870年8月2日总委员会决定再增印1000份。同年9月，第一篇宣言又和总委员会关于普法战争的第二篇宣言一起用英文再版；马克思在这一版中更正了第一篇宣言在第一版中的几个印刷错误。

8月9日，总委员会成立了一个委员会，负责把第一篇宣言翻译成德文和法文并加以传播。参加这个委员会的有：马克思、荣克、赛拉叶和埃卡留斯。宣言由威·李卜克内西翻译成德文首次发表在1870年8月7日莱比锡《人民国家报》第63号上。马克思得到宣言的这个德译文之后，对译文作了彻底的加工，对全文的几乎一半重新进行了翻译。宣言的新的德译文刊登在1870年8月《先驱》杂志第8期上，同时还印成传单，随后，还发表在8月12日纽约《工人联合报》、8月13日苏黎世《哨兵报》第26号、8月13日维也纳《人民意志报》第26号以及8月21日奥格斯堡《无产者报》第56号上。1891年纪念巴黎公社20周年的时候，恩格斯在柏林《前进报》出版社出版的《法兰西内战》德文版上刊出了总委员会关于普法战争的第一篇宣言和第二篇宣言，这两篇宣言的译者是路易莎·考茨基夫人，恩格斯对译文进行了校订。

总委员会关于普法战争的第一篇宣言用法文发表在1870年8月日内瓦《平等报》第28号、1870年8月7日布鲁塞尔《国际报》第82号和1870年8月7日韦尔维耶《米拉波报》第55号上。宣言还由总委员会所设委员会译成法文印成传单。第一篇宣言于1870年8—9月首次用俄文发表在日内瓦出版的《人民事业》第6—7期上。

二　《国际工人协会总委员会关于普法战争的第二篇宣言》的写作与早期传播

《国际工人协会总委员会关于普法战争的第二篇宣言》是马克思在1870年9月6—9日写成的。

1870年9月6日，国际总委员会研究了由于第二帝国崩溃及普法战争进入一个新阶段而形成的新局势，决定就普法战争发表第二篇宣言。为此，成立了一个起草委员会，其成员有马克思、荣克、米尔纳和赛拉叶。

马克思起草这篇宣言时，利用了恩格斯寄给他的各种材料，这些材料揭露了普鲁士军阀、容克（地主）和资产阶级借口军事战略上的需要而并吞法国领土的野心。总委员会在1870年9月9日召开专门会议，一致通过了马克思起草的这一宣言。宣言被分送到伦敦各资产阶级报纸，这些报纸却采取沉默态度，只有《派尔-麦尔新闻》在1870年9月16日摘要刊登了宣言。9月11—13日宣言用英文以传单的形式印行1000份。9月底又出版了将第一篇和第二篇宣言印在一起的新版本。这一版改正了第一版的几个印刷错误，也对个别段落的文字作了修改。

第二篇宣言的德文本是由马克思翻译的，他在翻译时删去了个别段落，增加了几句专门针对德国工人说的话。第二篇宣言的这个译本发表在1870年10—11月《先驱》杂志第10—11期，1870年10月8日维也纳《人民意志报》第37号以及1870年10月1日苏黎世《哨兵报》第

33 号上，同时还以传单的形式在日内瓦印行。1891 年，恩格斯在《法兰西内战》的德文第三版中刊出了第二篇宣言，为该版翻译第二篇宣言的是路易莎·考茨基夫人，恩格斯对译文进行了校订。

第二篇宣言的法译文载于 1870 年 10 月 23 日《国际报》第 93 号和 12 月 4 日的第 99 号，1870 年 9 月 21 日《波尔多论坛报》，并以节译的形式载于 1870 年 10 月 4 日《平等报》第 35 号。此外，这篇宣言还用弗拉芒文发表于 1872 年 10 月 16 日和 24 日安特卫普《工人报》第 51 号和 52 号。

三　《法兰西内战》的写作与早期传播

马克思和恩格斯始终热情地关心巴黎劳动者的斗争，高度赞扬巴黎工人的英雄气概和革命首创精神。他们在伦敦利用一切可能与巴黎公社取得联系，给予支持和帮助。马克思亲自给了巴黎公社许多宝贵的指示，并且给第一国际各支部发出了数百封信，号召各国工人援助巴黎公社。公社革命期间，国际总委员会先后举行了 7 次会议，专门讨论公社问题。马克思还与公社委员弗兰克尔·莱奥、瓦尔兰建立了通信联系。公社失败后，第一国际及其各国支部强烈抗议反动派镇压公社，谴责梯也尔政府的暴行，发动营救、支援和救济公社流亡者的活动。在 5 月 28 日凌晨巴黎公社最后的 147 名社员于拉雪兹神甫公墓东北角的墙下全部被反动军队屠杀的第三天，即 5 月 30 日，马克思就在第一国际总委员会会议上宣读了他的著名著作《法兰西内战》，全面论述了巴黎公社的丰功伟绩，总结了巴黎公社的经验和教训，揭露和痛斥了梯也尔反动政府官员们的丑恶嘴脸及其镇压公社的罪恶行径。

巴黎公社一宣布成立，马克思就开始细心搜集和研究所有关于公社活动的消息，如当时能够收集到的法国、英国、德国报刊的材料，巴黎来信提供的情况等。最初，马克思曾在 1871 年 3 月 28 日总委员会会议上提出发表一篇告巴黎工人的宣言，这项建议被一致通过，并委托马克思起草这个文件。马克思接受了这个委托，并准备起草这个文件。但是，巴黎的局势发生了变化，一是马克思已经观察到，巴黎这场武装反对鲁普士军队的民族战争正在演化为一场法国反动政府勾结普鲁士军队镇压巴黎公社的国内战争，形势究竟如何发展，还需要作进一步的观察。二是当时法国社会上有一种论调，认为巴黎无产阶级的革命行动是根据国际总委员会的指示进行的，巴黎公社直接领导了这次起义和建立公社的行动。在这样的情况下发表告巴黎工人书，可能时机不合适。

经过一段时间的观察与研究，马克思逐渐对巴黎公社的性质和巴黎工人阶级革命的历史意义有了清楚的认识。马克思在 4 月 12 日给库格曼的信中充分肯定了巴黎工人阶级打碎资产阶级国家机器的伟大创举。马克思这时一反过去曾经认为巴黎的行为是一件蠢事的说法，指出：巴黎工人的行动如果有什么不足的话，那就是对于敌人过于宽容，没有像第一巴黎公社时期一样及时地向凡尔赛进军，因为他们不愿发动国内战争。这两个错误是中央委员会过早地放弃了领导权，过早地把权力移交给了公社。4 月 17 日，马克思再次给库格曼写信指出："工人阶级反对资本家阶级及其国家的斗争由于巴黎人的斗争而进入了一个新阶段。不管这件事情的直接结果怎样，具有世界历史意义的新起点毕竟是已经取得了。"这就是说，在巴黎公社正式成立的两周之后，马克思就已经准确地预见到了这场斗争的结局。所以他充分地肯定了巴黎人民的这次伟大的悲壮之举，特别是肯定了巴黎工人阶级打碎资产阶级国家机器的伟大尝试，认为单凭这一点，他们就将永载史册。在马克思看来，巴黎人民这种打碎资产阶级国家机器的举动是所有欧洲大陆国家工人阶级取得革命胜利的先决条件。

马克思这时候意识到，现在不是要发表一篇告巴黎工人的宣言，告诉巴黎工人如何行动和指导整个运动的进展，而是要向全世界工人阶级发出呼吁，呼吁全世界的工人阶级一起行动起来，同情和支持巴黎工人阶级的伟大壮举。于是马克思在1871年4月18日总委员会会议上，建议就法国“斗争的总趋向”发表一篇告国际全体会员的宣言。马克思的建议得到一致通过，总委员会继续委托马克思起草这一宣言。会后，马克思就开始了宣言的起草工作。

这里所谓宣言，指的就是马克思后来写成的《法兰西内战——国际工人协会总委员会宣言》。马克思写这个宣言用了两个多月的时间。如果从3月18日巴黎起义他开始建立笔记和摘录到5月30日马克思在国际大会上宣读这个宣言为止，他用去了70多天的时间。在这期间，他除了处理国际工人协会的日常事务之外，还要参加总委员会的各种会议，要同各地工人运动的领导人和其他友人进行联络，帮助他们开展工作。巴黎公社成立之后，马克思的工作更加忙碌，他同公社一些负责人保持联系，同来往于巴黎和伦敦之间的有关人员谈话，对公社的工作提意见和建议；他要组织撰写文章和稿件，对有关报刊和反对者对巴黎革命和国际工人协会的造谣、中伤和污蔑进行回击和反驳；他要组织各国工人集会声援巴黎公社。马克思在这期间写了几百封关于巴黎公社的信，寄给所有建立了国际组织的国家，通过这些信件，阐明巴黎公社的无产阶级性质和重大历史意义，呼吁他们给巴黎公社以积极的支持和帮助。所以说，《法兰西内战》几乎是在百忙之中抽空写出来的。恩格斯在5月9日的总委员会会议上向大家报告说：“公民马克思病得很重，宣言的起草工作使他的病更加恶化了。”这主要是他的支气管炎发作引起咳嗽，妨碍睡眠，同时他的慢性肝病也因为长时间休息不好而严重起来。从4月中旬到6月中旬，马克思断断续续病了两个月。他就是在这样的情况下完成了《法兰西内战》的写作。

从巴黎革命的第一天起，马克思就着手收集各种报刊，进行摘录，写在笔记本上。由于巴黎处于被封锁状态，得到巴黎的报刊比较困难，马克思主要是利用英国出版的英文和法文报刊如自由派报纸《每日新闻》《回声报》《观察报》，保守派报纸《每日电讯》《旗帜报》，以及半官方的《泰晤士报》、爱尔兰民族主义者办的《爱尔兰人报》和一个波拿巴主义报纸《形势报》。马克思还设法从法国弄到一些巴黎出版的法文报刊，如支持公社的《口令报》《号召报》《波尔多论坛报》《复仇者报》《先锋报》，以及资产阶级报纸《自由报》《费加罗报》《钟报》《小报》等。其他摘录的报纸还有《自由巴黎报》《人民呼声报》《公社报》《人民报》《社会报》《国民报》《形势报》《观察家报》等。马克思主要是通过这些报纸了解情况，掌握事件的进程和方向。马克思摘录这些报刊资料的笔记已经收入了《马克思恩格斯文库》俄文版第3卷。北京商务印书馆1975年编译出版了由吴惕安等译、陈叔平编的《马克思关于巴黎公社报刊消息摘录》一书。本书附录收入了其中的第一部分。

除了这些报刊资料以外，马克思还利用了巴黎的国际会员和其他友人来信中的资料，如列·弗兰克尔、路·欧·瓦尔兰、奥·赛拉叶、伊·鲁·托马诺夫斯卡娅、彼·拉甫洛夫、保尔·拉法格以及公社其他领导成员的信件和通过他们转交的信件中提供的资料①。

4月18日后，马克思开始这项文献的起草工作，一直继续到5月底。他根据每天整理的材料，先写了《法兰西内战》的初稿和二稿。根据吴惕安研究员考证，“初稿大约是从1871年4月18日写起，到5月9日和13日之间完成。之后就写二稿，二稿大约于5月23日写成。最后的定稿是在5月30日之前写完的”②。1871年5月30日，即巴黎最后一个街垒陷落的两天以后，总委员会一致批准了马克思宣读的《法兰西内战》的定稿文本。随后，马克思又对这一宣言的第四部分的某些段落作了补充和加工。

---

① 这里和以下的部分内容作者参阅和吸收了中央编译局已故同事吴惕安研究员的研究成果《马克思〈法兰西内战〉一书的写作与传播》，见《马列著作编译资料》第9辑。吴惕安研究员在文中提了更多更翔实的资料，可供进一步的研究者查阅。

② 中央编译局：《马列著作编译资料》第9辑，北京：人民出版社1981年版，第139页。

《法兰西内战》最初于1871年6月13日左右在伦敦用英文印成35页的小册子发表，印数1000份，当时没有署作者名字。小册子出版后产生了爆炸性的影响，引起了人们的广泛关注。只用了两天时间第一次印刷的书就销售一空。伦敦几家最大的报纸（《泰晤士报》等）都为这部著作发表社论，英国几乎所有的报纸都相继发表了评论，之后其他各国的报纸也都开始发表有关这部著作的评论文章。正如恩格斯所说："伦敦有史以来还没有一个出版物像国际总委员会宣言那样产生如此强烈的影响。"①

在巴黎公社受到资产阶级舆论疯狂攻击的情况下，马克思的《法兰西内战》成了当时唯一指出巴黎公社世界历史意义的著作。资产阶级舆论在攻击巴黎公社和《法兰西内战》的同时，也把攻击的矛头对准了马克思。马克思曾经写道："我目前荣幸地成了伦敦受诽谤最多的、受威胁最大的人。"② 恩格斯则通报说："整个伦敦都只是谈论我们。当然是一片狂叫。这样更好。"③ 马克思为伦敦的这种"极大的惊恐"而感到高兴。他写道："在度过了二十年单调的沼泽地的田园生活之后，这的确是很不错的。"④ 英国政府办的报纸《观察家报》威胁《法兰西内战》的作者，说要向法庭控告他侮辱镇压巴黎公社的梯也尔政府官员。为了不使总委员会受到打击，马克思在给伦敦一家报纸编辑部的信中宣称他是《法兰西内战》的作者，他愿意个人承担评论梯也尔、法夫尔等人的责任。他写道："对这帮恶棍我一点也不在乎！"⑤ ——他这样骄傲地回答了要向法庭控告他的威胁。⑥

1871年6月27日马克思向总委员会报告说，第一版已销售一空，

① 见《马克思恩格斯著作的发表和出版》（内部资料），北京：人民出版社1976年版，第51页。

② 《马克思恩格斯全集》第33卷，北京：人民出版社1956年版，第236页。

③ 《马克思恩格斯全集》第33卷，北京：人民出版社1956年版，第238页。

④ 《马克思恩格斯全集》第33卷，北京：人民出版社1956年版，第236页。

⑤ 《马克思恩格斯全集》第33卷，北京：人民出版社1956年版，第237页。

⑥ 以上文字参考和引用了〔苏〕列·阿·列文凯瑟：《马克思恩格斯著作的发表和出版》，周维译，北京：生活·读书·新知三联书店1976年版一书。

并建议再印2000份。总委员会同意了马克思的建议，不久便出了英文第二版，印数2000份。与此同时《法兰西内战》还由爱·特鲁拉夫于1871年7月1日以传单的形式发行。马克思和恩格斯一起在第二版中改动了几处正文，更正了第一版的几个印刷错误，并增补了《附录》的第二部分。宣言的署名作了如下变动：去掉工联主义者本·鲁克拉夫特和乔·奥哲尔的名字（他们在资产阶级报刊上表示不同意宣言，并退出了总委员会），增添了总委员会新成员的名字。1871年7月25日马克思向总委员会通报说，第二版又已脱销。总委员会根据恩格斯的提议，于1871年8月初出了《法兰西内战》英文第三版，印数1000份，马克思在这一版中删去了前两版中个别不确切的地方。

1871—1872年，《法兰西内战》被译成法文、德文、俄文、意大利文、西班牙文、荷兰文、弗拉芒文、塞尔维亚-克罗地亚文、丹麦文以及波兰文，在欧洲各国和美国的期刊上发表，同时还出了单行本。

德译文是由恩格斯翻译的，1871年6—7月发表于《人民国家报》（6月28日，7月1、5、8、12、16、19、22、26和29日第52—61号），1871年8—10月在《先驱》杂志上摘要发表，此外，还在莱比锡出版了单行本。恩格斯在翻译时作了几处不大的改动。1876年，为了纪念巴黎公社5周年，出版了《法兰西内战》的新德文本，对文字作了一些订正。

《法兰西内战》的法译文于1871年7月6日至9月3日在布鲁塞尔的《国际报》上刊出，同年8月3日至10月21日在日内瓦的《平等报》上刊出。1872年在布鲁塞尔根据英文第三版翻译出版了法文版单行本，译文经马克思校订过，他曾作了大量修改，把某些段落重新译过。布鲁塞尔的法文版一共印了9000册。

1891年，为迎接巴黎公社20周年而准备出《法兰西内战》的德文第三版（纪念版）时，恩格斯重新校订了译文，并为该版写了导言。恩格斯把马克思写的国际工人协会总委员会关于普法战争的第一篇和第二篇宣言收进了这一版。此后在各种文字的单行本中，导言和两篇宣言也都与《法兰西内战》一起刊印。柏林《前进报》出版了这个纪念版。恩格斯在导言中对巴黎公社的历史意义和巴黎公社的经验再次进行了论述。恩格斯在这个单行本中同时也对巴黎公社的历史，其中包括参加公社的布朗基派和蒲鲁东派的活动，作了一系列补充。

四　马克思《法兰西内战》在中国的传播

陈独秀在《新青年》1922 年 7 月第 9 卷第 6 号上发表了《马克思学说》一文，在文章中对马克思的《法兰西内战》的部分内容进行了引译，同时引译的还有《共产党宣言》《哥达纲领批判》等。[①]《法兰西内战》第一个中文版本是在抗日战争时期由时任中宣部副部长的吴黎平和刘云（张闻天，又名洛甫）合译，延安解放社 1938 年 11 月出版。当时是在物质条件极为困难的情况下，以“马克思恩格斯丛书”第五种的形式出版。该书共收入了 6 篇文章，其中包括恩格斯 1891 年写的“引言”，马克思写的两篇国际工人协会总委员会关于普法战争的宣言和一篇国际工人协会总委员会关于法兰西内战的宣言，同时还收进了马克思 1871 年 4 月致库格曼论巴黎公社的两封信和列宁在《马克思致库格曼书信集》俄译本中论巴黎公社的文章。同年 11 月，该版本又由中国出版社作为“马克思恩格斯丛书”重印。重印时改为横排版式并将注释改为脚注，由新知书店发行。1939 年 2 月，重庆新华日报馆又把解放社的版本重印，在大后方广泛发行。同年 3 月，中国出版社再次重印了吴黎平和刘云译的这个版本。4 月 15 日，上海海潮社出版了由郭和翻译的另一个版本。海潮社于 1940 年 11 月又把这本书重新出版，书名改为《巴黎公社》[②]。

① 见中央编译局马恩室：《马克思恩格斯著作在中国的传播》，北京：人民出版社 1983 年版，第 263 页。

② 见中央编译局马恩室：《马克思恩格斯著作在中国的传播》，北京：人民出版社 1983 年版，第 315 页。

解放战争时期，《法兰西内战》在解放区和国统区都有流传。1946年5月，生活书店把该书作为“世界学术译丛”之一出版，同时在国统区的上海和重庆两地发行。在解放区，解放社重新出版了10年前的版本，1948年交由华北新华书店发行。1949年1月，中原新华书店也出版了这个版本。3月，东北生活书店把该书作为“马列文库之九”出版，由新中国书局（光华书店）发行。5月，华东新华书店出版印刷该书10000册。

人民出版社重新成立后，1954年11月根据1848年8月解放社的版本重印，出版了小32开本，印数3001册，在全国各地发行。1958年3月又重印了一次，印数增加到7500册。

1961年5月，中共中央编译局为了纪念巴黎公社90周年编译出版了《马克思恩格斯列宁斯大林论巴黎公社》，其中所收的《法兰西内战》有4篇文章是在莫斯科外国文书籍出版局出版的《马克思恩格斯文选》（两卷集）第1卷译文的基础上根据新出版的《马克思恩格斯全集》俄文二版第17卷，参照英文本和德文本加以修改，并在校改过程中个别地方参考了吴黎平、刘云的译文。书中还收进了由张芝联、张广达根据《马克思恩格斯文库》1934年第3卷的英文版译出的马克思写作《法兰西内战》一文时的两个草稿，即初稿和二稿。由新华书店向全国发行。人民出版社于1961年5月同时还根据《马克思恩格斯列宁斯大林论巴黎公社》中的译文，排印出版了《法兰西内战》大32开横排的单行本，是为北京初版。当年印行了5000册，1962年再次加印了10080册。

1963年11月，中共中央编译局根据俄文版编译的《马克思恩格斯全集》第17卷出版中收进了马克思写的关于普法战争的两个宣言和《法兰西内战》一文及其两个草稿。其中关于普法战争的两篇宣言和《法兰西内战》一文是在《马克思恩格斯文选》（两卷集）中文版的基础上，根据英文原文校订的；《法兰西内战》初稿、二稿也根据英文原文作了校订。1964年5月，人民出版社在《法兰西内战》单行本第4

次印刷时又作了改版，除了恩格斯的导言在1961年版的译文的基础上根据《马克思恩格斯全集》俄文第二版第22卷作了一次校订外，其他几篇的译文均按照《马克思恩格斯全集》中文版第17卷中的译文排印。中共中央编译局的这个版本在《法兰西内战》初稿和二稿前增加了“‘法兰西内战’草稿”作为其初稿和二稿的篇名，书中附注释169条。同年6月，人民出版社又根据这个版本出版了此书的16开大字本（共4册）。

1970年底，《法兰西内战》第二版第5次印刷时中央编译局又进行了修改，其中恩格斯的序言采用《马克思恩格斯全集》中文版第22卷（1965年5月出版发行）的译文。两篇关于普法战争的宣言、《法兰西内战》一文及其两个草稿都根据《马克思恩格斯文选》和《马克思恩格斯文库》的英文版编译。[①] 该年6月已经再版了该书的16开大字本。

1972年5月，中共中央编译局采用《马克思恩格斯全集》的译文编辑并由人民出版社出版的《马克思恩格斯选集》第2卷除对《法兰西内战》的初稿和二稿进行了摘录以外，其他各篇（包括恩格斯写的1891年单行本导言）都是全文收录，个别译文经过了重新修订。

1995年6月，中共中央编译局修订出版的《马克思恩格斯选集》第二版把马克思的《法兰西内战》编入了第3卷，篇幅与第一版一样，译文上作了个别修订。

2009年中央编译局编辑出版《马克思恩格斯文集》（10卷本），马克思的《法兰西内战》被编入第3卷，篇幅依然保持《马克思恩格斯选集》的内容，译文则依据有关文本作了变动。恩格斯写的1891年版导言根据《马克思恩格斯全集》德文版第22卷翻译；关于普法战争的两篇宣言则是根据《马克思恩格斯全集》英文版第22卷并参考《马克思恩格斯全集》德文版第17卷翻译；《法兰西内战》正文及其两个草

① 以上文字参照周文熙：《法兰西内战的写作及在中国的翻译和出版》，载《教学与研究》1981年第2期。

稿（摘录）则是根据《马克思恩格斯全集》历史考证版第 1 部分第 22 卷并参考《马克思恩格斯全集》德文版第 17 卷翻译。

2012 年 9 月出版的《马克思恩格斯选集》第三版仍然将《法兰西内战》收入了第 3 卷，内容依据《马克思恩格斯文集》作了修改，这是《法兰西内战》最新的版本。

（本文来自 2013 年中央编译出版社出版的李惠斌所著《马克思〈法兰西内战〉研究读本》有关内容。）

法蘭西內戰

馬克思著
郭和譯

梁尚諾夫及恩格斯序言
英法俄日譯本註釋校評

海潮社版金星書店經售

卡爾·馬克思

法蘭西內戰

恩格斯及梁尙諾夫序
英法俄日譯本註釋

郭和譯

海潮社校刊

1

法蘭西內戰目錄

附　錄

2

俄譯本序

梁尙諾夫

巴黎公社是國際無產階級運動史上的一個轉換點。牠第一次提出了工人階級奪取政權的實際問題，無產階級專政的問題。

正當整個資產階級的世界，用汙泥澆潑到巴黎的英勇工人的身上時，馬克思用第一國際的名義，起來保護公社的戰士，並且指出如何從工人的實際鬥爭的要求中，生長出無產階級新的組織形式，如何奠定新的國家形式，在這個形式的框子裏，無產階級可以去實現共產主義。根據着一八四八年革命的經驗，馬克思早已得到了這樣的結論：無產階級之奪取政權，不能簡單地占有資產階級的國家機關，牠必須摧毀全部舊的官僚的與軍事警察的機器。這結論他最初規定在自己的布魯美月十八日中。公社的經驗，最後證實了這個理論的結構。

1

2

在其短時間的存在中，公社表示出：無產階級之奪取政權，必須造成新的國家機關，牠那各個不同的環，適應着各個本身的需要。公社來不及完成自己的工作，但牠已經指點出某些新的——蘇維埃式的——國家組織的特點。

公社，把一切勞働份子聯合在工人階級的領導之下，將政權與立法權統一在自已的手裏，將一切選舉出來的，可以撤換的負責人服從於自己的支配，——這是新的國家組織的基本核心，牠顯示出各區，各省以及國家中的勞動者的自治。這種公社結構與蘇維埃組織的相似是一目了然的。現在連資產階級的歷史家，也在指出這一點了。他們仔仔細細地在十七世紀的英國革命，與在法國大革命中尋找蘇維埃組織的萌芽。

巴黎公社的經驗，在十月革命的經驗中被極度地利用了，並且經過了十月革命，牠又對匈牙利的與德國的革命發生了影響。列甯的國家與革命，祗是馬克思對於國家觀點的系統化，馬克思這種觀點最後是在巴黎公社的影響之下形成的。

因此，詳細地研究這個經驗，成爲每一革命馬克思主義者的責任了。

× × × ×

這一譯本，是以列甯編訂的那一種俄文譯本作根據的。我們改正了幾個錯誤與行文上的晦澀處。『帝國主義』一詞（本譯本中凡遇『帝國主義的』，均譯成『帝國的』——譯者）現在因爲有了新的歷史意義，所以改成『凱撒主義』了。這名詞更能表示出那一種國家政權形式的本質，牠當資產階級業已失卻治理人民的能力，而工人階級還沒有獲得這種能力的時候，是一種唯一可能的統治形式。現代的法西斯主義，不過是適應於新的歷史條件的這一『凱撒主義』罷了。

除了恩格斯的序與第一國際總務委員會關於普法戰爭的兩次宣言，我們還加了許多附錄。巴黎公社的宣言，公社本身及其執行機關所發的一些重要命令與決議，這乃是認識公社立法活動之最重要的文件。

馬克思與恩格斯的信札，對於他們倆關於巴黎公社的觀點的發展，是一些很有趣味的補充材料。

爲要給凡爾賽的劊子手——梯厄爾與迦里佛——的『文明』行爲開一張更完全的清單，同志們在賓勃泰爾的書中摘取了一段（即俄譯本的第五附錄『凡爾賽劊子手下的犧牲者』本譯本並未搜入——中譯者註）。

後面的索引是烏達爾促夫與弗立特梁特兩位同志做的。

恩格斯在德文版第三版上的序言

請我重印國際（工人協會）總務委員會關於法蘭西內戰的宣言，並要求我爲之作一新序，這在我是沒有料想到的，所以我在這裏祇能簡單的說到最重要的幾點。

我加上了總務委員會對於德法戰爭的兩個簡短的宣言，作爲上述較長著作（法蘭西內戰）的序言。所以然者，第一由於內戰中有參照第二次宣言之處，而第二次宣言如果沒有第一次宣言，那就不會充分瞭解的。第二，因爲這兩個同爲馬克思所起草的宣言，其優越處並不下於內戰，均爲顯示著者可驚的才能的最好標本——即爲布魯美月十八日中所開始證明的，當歷史事件尚在我們眼前開展的時候，或牠在剛纔完結時，就已明白理解這種事變的性質，價值和必然歸結的，著者可驚的才能。而最後，因爲我們在現在的德國，還不得不在馬克思所預言的這一事件的結果

1

之下受着痛苦。

第一次宣言所說的，卽：如果德國對魯易，邦那巴特的防禦戰，墮落爲對於法國人民的征服戰，則加於所謂解放戰爭(註一)後的德國的一切不幸，將以新的激烈方式重行復活起來，這難道沒有實現嗎？我們不是有了二十餘年的俾斯麥的統治，並且代替那『陰謀煽動家』的逼害，我們不是有了例外法(註二)與反對社會主義者的運動嗎？這運動具有同樣專斷的警察方法與對於法律條文之同樣令人氣憤的解釋。

亞爾塞斯—洛林的合併，『將驅法國投入俄國的臂中』，而合併後的德國，或將成爲俄國公然的奴僕，或在短時間休息之後，必須再來準備一個新的戰爭，而且

(註一) 卽指一八一三年至十五年反對拿坡崙一世的戰爭——英文本註。

(註二) 此法於一八七八年經國會通過，企圖鎭壓社會主義者的鼓動與沒收社會主義的文件，因工人的反抗，此法於一八九〇年宣告無效——英文本註。

是『對於斯拉夫・羅馬兩種族聯合軍的一個種族戰爭』；這個預言，不是逐字給證實了嗎？德國合併了法國的兩州，沒有驅法國投入俄國的臂中嗎？俾斯麥不是空在二十年間追求着沙皇的眷顧——而且這種追求，比之小普魯士還未成爲『歐洲第一強國』以前，慣於匍伏在神聖俄國的脚下的那種情狀，不是更要卑賤嗎？在我們頭上，不是天天掛着一柄另一戰爭的達摩克列斯的寶劍（註一）嗎？在這戰爭的第一天中，各國之間的同盟條約便會變成廢紙的；關於這一戰爭，除掉結果的絕對不確定性之外，別無任何事物是確實的；這是一次種族戰爭（註二），牠將置全歐洲於一

（註一）des Damoklesschwert. 這是一個盡人皆知的故事。紀元前四世紀，希臘 Syracuse 的暴君台尼斯王當寵倖他嬖臣達摩克列斯時，用馬尾吊着一把寶劍在他的頭上，讓他知道自己所處的不安的地位。這故事用以諷刺潛伏在表面和平之下的，突發的危險的——日譯本註。

（註二）當寫這篇序言的一八九一年，法俄同盟已經成立，與早就成立的三國同盟（一八七二年德奧同盟，一八八二年德奧意同盟）相對抗，歐洲的戰爭空氣很濃厚了——日譯本註。

千五百萬以至二千萬武裝人們的刼掠之下，而且牠之所以尙未爆發，祇因爲卽使對於那軍事強國中之最強者，亦屬全難預料牠最後結果的緣故。

因此，使那證實一八七〇年國際（註一）工人政策之遠見的，半被遺忘但光芒依然的文件（二次宣言），再度接近德國的工人，更成爲我們的責任了。

我關於這兩個宣言所說的話，同樣也適用於法蘭西內戰。五月二十八日，最後的公社戰士（註二），在倍爾維也高地因勢力懸殊而屈服了，但過了二天後，卽在三

（註一）法文版爲『國際工人協會』——日譯本註。

（註二）die letzten Kommunekämpfer. 倍爾維也(Belleville)的堡壘，是公社最後抵抗的中心，那裏堅決抵抗直到最後一天的五月二十八日，但眞正的最後堡壘，是朗巴諾(Ramponeau)街的。二十八日正午，公社最後的大砲，從巴黎街發射出來，那裏不久便爲凡爾賽軍所占領，在堡壘上豎立了三色旗。但守着朗巴諾街的一個聯盟兵，孤軍奮鬭了十五分鐘，三次轟燬了豎在巴黎街堡壘上的凡爾賽旗幟。以後這個公社最後的兵士，極大膽地平安退走了——日譯本註。

十日，馬克思已在總務委員會之前，朗誦這本著作——這著作是以銳利的筆致，簡單地，強有力地，但爲以後各種論述這個問題的大量的文獻所難以幾及的眞實，來敍述巴黎公社的歷史意義的。

由於一七八九年（註一）以後法國經濟政治的發展，五十年來巴黎爆發的每次革命，不可避免地帶着無產階級的性質。無產階級旣以自己的熱血博得了勝利，自然立刻要帶着自己的要求登場了。這種要求，雖因巴黎工人當時的發展狀況，常有多少不顯明處，甚至混亂之處，但最後的結果，總是要消滅資本家與工人之間的階級對抗。怎樣才能消滅，這自然是沒有人會知道的，但要求本身無論怎樣的不確定，總包括着對於現存社會的一個威脅。提出這種要求的工人，那時還武裝着，掌握國家政權的資產階級的最主要的任務，便是要解除工人的武裝。因此，在每次藉工人的力量取得了革命的勝利之後，總發生新的鬬爭，結果則以工人的失敗終結。

（註一）法國發生大革命的一年——日譯本註。

這是發生於一八四八年的事，屬於議會反對派的自由主義的資產階級，爲了要實現足以保證他們領導權的選舉法的改革，舉行了革新宴會（註一）。在與政府的鬬爭中，他們不得不愈益求助於民衆的援助，且漸漸地把資產階級中以及小資產階級中的急進的共和主義者，推到了前列。但在後者的背後，站着革命的工人，這種革命的工人，自一八三〇年以來，所獲得的政治獨立性，比資產階級所料想的，甚至比共和派所意想的還要多。當政府與反對派中間發生危機時，工人們就開始了巷戰。魯易·斐利普消逝了，選舉改正法也和他一同消逝了。代之而起的，共和國成立了，這共和國是爲勝利的工人打上了『社會』的戳記的。這種社會共和國表示什麽意義呢？任何人都不確切地知道，工人們自己也不知道。但他們現在有了武器，在國家之內是一個力量。所以掌握了國家政權的資產階級共和派，一覺到脚下站立的基礎有一些穩固時，第一個目的，便是解除工人武裝。這事是藉直接的背信，或公然的

（註一） Reformbankette. 法文版爲『舉行宴會……要求改革選舉法』——日譯本註。

嘲罵與驅逐失業者至窮鄉僻壤的企圖，迫使工人走上六月暴動來進行的。政府事先保證了絕對的優勢。經過五天英勇的鬥爭之後，工人給壓服了。現在接着是對於那解除了武裝的俘虜，施行屠殺，其「慘酷」是爲羅馬共和國崩毀前內亂時代以來所無可比類的。這是資產階級第一次表示出當無產階級敢以獨自的階級，帶着他們獨自的利益與要求，來反對牠時，牠是能以怎樣瘋狂的殘忍來從事復仇的。但是與他們在一八七一年中的憤怒比較起來，那一八四八年不過是一個兒戲吧了。

但是復仇的女神立刻跟着來了。如果無產階級還不能統治法國，同樣的，資產階級也是統治不了牠的。至少，在資產階級的多數還具有君主主義的思想，而且他們分裂成爲三個王黨（註一）與第四個共和黨的當時，是不能統治牠的。資產階級的內爭，使冒險家魯易，邦那巴特得以掌握一切權力，即軍隊，警察，行政機關等，並使他得在一八五一年十二月二日，解散資產階級的最後堡壘——國民會議。第二

（註一）指奧爾良派，正統王朝派（布爾旁派），邦那巴特派——日譯本註。

帝國開始了——牠使一批政治上與財政上的冒險家，對法國從事剝削。但同時，也開始了一種工業的發展，這發展在魯易・斐利普那種量狹膽小的制度之下，在祇有極小部分較富資產階級（註一）得能參與的排他的統治之下，簡直彷彿是不可能的。魯易・邦那巴特藉口保護資產階級，不使受工人的反對，並相反的保護工人，不使受資產階級的反對，因而從兩者得到政治的權力，但在另一方面，他的政府幫助了投機和產業的活動，約而言之，則是幫助了整個資產階級空前的飛躍與富裕，但極大的腐化與侵吞也着實發展了，尤其在宮廷及其蟻附者中，此種惡德達到更大的範圍，他們從資產階級所纍積起來的新的財富中，分得了爲數不小的一杯羹。

但第二帝國，煽起了法國的極端愛國主義，牠要求恢復第一帝國一八一四年的失地，至少是第一共和國的失地。在舊王國的境界以內，或甚至限制在更狹隘的一八一五年的境界以內，法蘭西帝國是不能長久存在的。因此，便產生了常常戰爭與擴

（註一） 在法文版上爲「大資產階級」——日譯者註。

充國界的需要。但是引起法國極端愛國主義者的幻想的，再沒有像向德國萊茵河左岸擴充國界這件事那樣厲害的了。在他們看來，萊茵的一平方哩，比阿爾卑斯以至任何地方的十平方哩價值更高。祗要第二帝國存在，要求整塊的或零碎的回復萊恩河左岸，那不過是時機的問題。這種時機，跟着一八六六年的普奧戰爭到來了。但邦那巴特在『領土賠償』的期待中，受了俾斯麥及他自己十分狡猾的延宕政策所騙，祗有一條戰爭的道路可走。這一戰爭，在一八七〇年爆發了，把他逐到了色當，又由色當逐到了威爾希姆荷厄（註一）。

一八七〇年九月四日的巴黎革命是〈這次戰爭〉的必然結果。帝制像紙糊房子一般的倒下來了，重新宣布了共和政治。但敵人站在門口了，帝國軍隊有的在密茨無望的受人包圍，有的爲德國所俘虜。當此緊急關頭，民衆允許巴黎前屆的立法會

（註一）　在色當被俘的（一八七〇年九月二日）拿坡崙三世，幽禁在卡塞爾附近的威爾希姆荷厄(Wilhelmshöhe)城——法文本註。

議議員，組織『國防政府』。現在爲了防御的目的，凡是能拿武器的巴黎市民，都已經武裝起來，編入了國防軍，因爲現在工人在國防軍中佔了大多數，所以這辦法更快的得到人們的承認。但差不多全由資產階級組成的政府，與武裝的無產階級之間，立刻發生了對壘。十月三十一日，工人隊伍（註一）襲擊市政廳，拘捕了一部份政府人員，但由於出賣，政府明顯的食言，及一部份中產階級隊伍的干涉，又把他們釋放了，爲了免得受敵人包圍的城市內部發生內戰，人們仍使向來的政府保持了他們的地位。

一八七一年一月二十八日，飢餓的巴黎終於投降了。但這在戰爭史上具有向所未有的光榮。各要塞交出了，堡壘解除了武裝，常備軍和流動隊的武器繳出了，他們把自己當做俘虜看待。但國防軍保持他們的武器和大砲，對於戰勝者，祗取一種停戰的態度，而後者亦不敢以奏凱的形式踏進巴黎。他們祇敢占領巴黎小小的一角

（註一）國防軍的大隊——法文本註。

——一部份由公園構成的，但就使這種地方也祇占領得兩三天。在這種短短的期間，包圍巴黎達一百三十一日（註一）的他們，倒被武裝的巴黎工人包圍起來了，這類工人嚴密監視着『普魯士兵』，不得超過讓渡給外國侵略者的一隅狹隘的界線。於是巴黎工人贏得了帝國全部軍隊在他面前交出武器的軍隊之極大的尊敬，而普魯士的貴族，本來為向革命策源地報仇而來的，也不得不在這種武裝革命之前，敬禮有加了！

在戰爭中，巴黎工人祇要求戰鬥堅持下去。但現在，因巴黎的投降而實現了和平，政府的新領袖梯厄耳，不得不認識如果讓巴黎工人武裝在手，有產階級（註二）——即大地主及資本家——的統治，總是不斷的在威脅之中的。因此他的第一樁工作，便是嘗試去解除他們的武裝。三月十八日，他發下命令，並派遣一些常備軍奪

（註一）自一八七〇年九月十九日起，至一八七一年一月二十八日止——法文本註。

（註二）Besitzenden Klassen.

取凡屬於國防軍的，在巴黎被圍中製造的並由公衆捐款購買的大砲。這一嘗試遭受了挫折，巴黎萬衆一心地起來反抗，巴黎與那蟠踞在凡爾賽的法國政府宣戰。三月二十六日，巴黎公社舉行選舉，二十八日發表選舉結果。向來管理行政的國防軍中央委員會，宣布廢止聲名狼藉的『風紀警察』以後，就把權力交給了公社之手。三十日（註一），公社取消了徵兵制度與常備軍，宣佈國防軍爲唯一的武裝勢力，凡能拿取武器的一切國民，均應服務於國防軍。豁免一八七〇年十月至（一八七一年）四月的房租，已付的租金得移作將來的租借期中的房租之用。停止市立典當中一切押物的拍賣（註二）。該日（註三）又批准公社選出的外籍人士的職務，因爲『公社的

（註一）係二十九日之誤日譯本註。

（註二）英文本作：『市立典當中的一切押物，無報償地發還給貧民』——譯者。

（註三）法文版譯註爲『三月三十日』，這是三月三十一日之誤。法文版上尙有下列譯註：『三月二十六日祇有一個外國人被選，那是里昂・夫倫凱爾（Léo Frankel）。四月十六日，意大利獨立運動的大英雄梅諾底・加里波的（Menotti Garibaldi）被選，但他沒有就職』——日譯本註。

旗幟，是世界共和國的旗幟」。四月一日，決定公社辦事人，亦卽公社的社員的最高年俸，不得超過六千法郎（四千八百馬克）。第二天，宣布政教分離，及廢除爲宗教目的而支出的一切國費（預算），並一切精神財產收歸國有。結果，在四月八日命令學校取消一切宗教的象徵，卽神像，教條，祈禱等，簡言之，便是「屬於各人良心領域內的一切事物」，並逐漸加以實行。五日，爲答覆被俘於凡爾賽軍的公社戰士之遭受槍斃，發出布告，逮捕人質，但這根本沒有實行。六日，國防軍第一百三十七大隊搬出了斷頭機，在民衆的歡呼聲中當衆焚燬。十二日，公社決定毀去望特姆廣場的凱旋柱，這是極端愛國主義與民族仇恨的象徵，是拿坡崙一世於一八○九年戰爭之後，用擄來的大砲鑄造的。四月十六日，公社命令調查廠主放棄的工廠，製成統計，由向來受雇於該廠的工人，組織合作社加以經營。並作成聯合這種合作社爲一大組織的計畫。二十日，禁止麵包業的夜工，和取消自第二帝國以來，由警察任命的流氓——第一等掠奪工人的人——所壟斷經營的職業介紹所，後者移歸巴黎二十區的區公所管理。四月三十日，命令取消當鋪，這些當鋪是剝削勞動者的一種手段，且與工人的勞動工具權與信用權不能相容。五月五日，議決拆毀爲殺害魯易十六的贖罪而建立的禮拜堂。

這麽一來，三月十八日以後，向來以抵禦外敵而掩蔽着的巴黎運動的階級性質，淸楚地並堅決地表露出來了。在公社中，幾乎全爲工人及公認的工人代表所占據，因此，牠的決議就帶有明顯的無產階級底性質。牠或者宣布實行宗教對於國家爲純粹私事的這一原則，這種改革是共和派資產階級祇因自己的怯懦而放棄的，但對於工人階級的自由活動，則是必要的基礎。或者牠宣布一些直接與工人階級的利益有關的改革，其中某些部份甚至還深深打擊着舊社會的秩序的。這種種努力在一個被圍的城市中，自然祇有初步的實現，且從五月初頭起，對於凡爾賽政府日益增加的軍隊之鬥爭，集中了一切精力。

四月七日，凡爾賽軍占領了巴黎西部的，奴易區中橫跨賽納河的橋梁，而十一日他們攻擊南部時，則爲育特將軍所迎頭打退。巴黎不斷遭受轟擊，但是認普魯士軍轟擊該城爲沾辱聖地的，便是目前轟擊巴黎的這一批人。也同是這批人，現在向普魯士政府哀求從速釋放在色當及密茨被俘的法國兵士，以圖藉此奪回巴黎。此種軍隊的分批開到，使凡爾賽派在五月初頭以後，得到了絕對的優勢。這種絕對的優勢，在四月二十三日已經表現出來。那時梯厄耳停止了由公社提出的，願以巴黎的主教及別的人質（在巴黎被捕的全部教士）交換一個布浪基的談判。布浪基在公社已兩次被選，但現在還幽禁在克列爾服（註一）。這種優勢，在梯厄耳改變了的口吻中表示得淸楚，向來他是含含糊糊與模稜兩可的，現在却突然變得無禮，威脅而粗暴的了，在南部戰線，凡爾賽軍於五月三日奪取了繆郎沙魁的方形堡壘，九日奪取

（註一） 三月十七日，在斐傑克（Figeac）附近被捕的布浪基，拘禁於柯爾（Cahors）監獄（不是克列爾服監獄）者二月，五月二十四日，由那裏解送至多洛（Taureau）要塞——法文本註。

了那轟成廢墟了的伊栖（註一）要塞，十四日奪取望胡要塞。（註二）在西部戰線，他們逐漸推進克服了與外圍保衞線連接的許多村莊與建築，直迫城牆。二十一日，他們得到內應，並由於佈防在那裏的國防軍的疏忽，遂得衝入市內。占領了北部與東部要塞的普魯士軍，竟許凡爾賽軍由那條由和平條件禁止通行的北城經過，由此猛攻一條長的陣線，巴黎人民以爲這條陣線是由停戰條約所保障的，所以防守十分薄弱。因此，在巴黎的西半部，即在繁盛的街道上的抵抗極無力量，而進攻的軍隊愈迫近東半部，即工人的區域，則抵抗愈激烈愈崛強。經過八天的鬬爭（五月二十一日——二十八日）之後，公社的最後守護者，才在倍爾唯也及梅尼爾蒙旦（註三）的高地屈服，現在日益兇殘的對於手無寸鐵的男女孩子的殺戮，一週之間已達到了

（註1）Issy.

（註2）Vanves.

（註3）Ménilmontant.

頂點。後膛槍已嫌處決得太慢，被征服者是幾百人一起用機關槍（註一）來掃的。實行了最後的集團屠殺的貝爾・拉雪士墳場的『聯盟軍的牆』（註二），現在仍舊是一個無言而雄辯的證據，牠證實無產階級敢於爲他的權利而站起來時，他是會馬上得到統治階級之怎樣兇殘的對付的。後來，因鑒於全部屠殺之不可能，接着便來了大批的拘捕，任意從俘虜中拉出幾個來做犧牲加以槍斃，其餘的關進大的拘禁營，等待在軍法會議中受審。包圍巴黎東北部的普魯士軍隊，奉到命令，不許任何亡命者通

（註一）機關槍在普法戰爭中第一次被採用——英文本註。

（註二）Le "Mur des fédérés" (Der "Maner der Föderierten") 貝爾・拉雪士是由近二百人的老聯盟兵（即國防軍——譯者）防守的。他們『不願逃亡甯願死』。二十七日該地爲凡爾賽軍所占領，他們並未被俘，而在墳場的牆前全體槍斃了。在那裏直到現在還留有彈痕。貝爾・拉雪士的牆，成爲巴黎無產階級奮力作戰的可悲的紀念碑。畫出了當時情景的畢克奧（Picchio）的畫特別有名。每年的五月二十七日，他們在這裏舉行示威運動。一九三三年五月二十七日，就有七萬四千的無產階級高揭紅旗到那裏示威——日譯本註。

過，不過，士兵們如果甯願服從人道的命令而不遵守總指揮部的命令時，軍官們常常是假作不見的。薩克森軍團的行爲特別合乎人道，他們允許很多確爲公社戰士的人通過，以此値得受人讚譽。

* * * *

如果我們在二十年後的今日，回顧一八七一年巴黎公社的活動及其歷史意義，我們對於法蘭西內戰所敍述的，還必須加以幾點補充。

公社代表，分裂爲多數派與少數派兩派，前者爲在國防軍中央委員會中也執牛耳的布浪基主義者，後者爲國際工人協會的會員，其中大部分是普魯東社會主義學派的信徒。布浪基主義者雖爲當時的大多數，但他們祇是具有革命的無產階級本能的社會主義者，惟有少數派在懂得德國科學社會主義的伏依揚幫助之下，才達到了**更大的原則底明確性。因此可以懂得，就經濟上而言，按照我們的現在的觀點，公**

社是忽略了許多必須做的工作的。人們在法國銀行門前恭然站住時的那種神聖的尊敬，是完全難以理解的。這同時又是一個重大的政治錯誤，握在公社手中的「法國」銀行，其價値比之一萬個人質更要多得多了。這意思就是說法國資產階級爲要與公社妥協，會對凡爾賽政府施行壓力。事實雖然如此，但使人更加驚異的，却是由布浪基主義者與普魯東主義者所混合組織的公社，還是做出了許多正確的工作。自然，關於公社經濟方面的通告，不論其値得稱讚與否，首先都應由普魯東主義者負責，而政治的成功及失敗上，則應由布浪基主義負責的。在兩者的場合中，歷史的議諷——空論家掌握政權時常常如此——總是使他們做了與任何一派的學說相反的事情。

普魯東是小農及手工業老班（註一）的社會主義家，他最憎惡工會組織。他說牠裏面包含的壞處比好處多，牠的本性就是無效果的，甚而是有害的，因爲牠是工人

（註一）Handwerksmeister. 法文版爲『小資產階級』——日譯本註。

自由的桎梏，牠是一個純粹的獨斷，不生產的而且是麻煩的，與工人的自由，勞動的節約相矛盾的，牠的不利益比牠的利益更大，反之，競爭，分工，私有權則是經濟力量的泉源。祇有在大工業以及大企業（例如鐵道）的例外場合中——據普魯東所稱述的——才可有工人的工會組織。（參看革命的概觀第三篇）（註一）

可是，在一八七一年，大工業卽使在這工藝中心地的巴黎，也已不是例外的場合了，不僅不是例外，而且公社最主要的布告，就是命令大工業從事組織，甚至工場手工業也在組織之列，而這種組織，不僅僅是各工廠工人的工會，並且要使這種工人的工會聯合成爲一個大聯合體，簡言之，如馬克思在內亂中所完全正確敍述的，牠不可避免地要成爲共產主義的，因而是與普魯東學說正相反對的組織。所以，公社也就成了普魯東社會主義學派的墳墓。這一學派在現在的法國工人羣衆中，是不

（註1） 該書全名爲十九世紀革命的概觀（Idée générale de la Révolution au XIX siecle)

留任何蹤跡了（註一），在現在的法國，馬克思的理論之統治可能主義者，顯然並不下於在『馬克思主義者』（註二）之間的統治。祗有在『急進』的資產階級中，還能尋找出普魯東主義者來。

布浪基主義者也沒有幸運好多。在陰謀學校中訓練出來的，由適應自己的嚴格紀律來團結的他們，是由下述見解出發的，那比較少數的有果斷有嚴密組織的人，在有利的時機，不僅能縠握住國家政權，而且要用有力的與大膽的行動，保持這種政權，直到他們能吸引民衆到革命的潮流中間來，並使他們團結在少數領導者的周

（註一）恩格斯說雖如此，普魯東的影響，經過沙列爾的工團主義，在現在的法國無產階級中間尙有聯繫——日譯本註。

（註二）在寫這篇序文的一八九一年，所謂可能主義者（卽主張『可能』的改良政綱者——譯者）是指團結在保爾·布爾斯(Paul Brousse)周圍的人，所謂馬克思主義者是指團結在裘爾·格德與保爾·拉發爾格周圍的人——法文本註。

團。爲了這，首先必須有最嚴格的獨裁，還必須集中一切權力於新的革命政府的手中。但是正由這類布浪基主義者占據大多數的公社，做了些什麽呢？公社給法國的各省發出宣言，提議各地所有的公社與巴黎自由聯合，形成一個全國的組織，這組織是第一次眞正由人民自己創造出來的。軍隊，政治警察，官僚政治，所有這些向來中央集權政府的壓迫機關，爲拿玻崙在一七九八年所手創而爲以後每個新政府所利用爲反對敵人的最如意的工具，正是那種政權，像在巴黎已經傾覆的一樣，應該在法國到處傾覆的。

公社不能不一開始就承認，工人階級得到了統治，不能再使用舊的國家機器；如果工人階級不願失去剛纔得到的統治，那牠一方面，應該廢除向來被利用以反對工人階級的一切舊的壓迫機關，另方面，就該保證自己，提防牠自己的代表和官吏們「的重蹈覆轍」，宣告他們的一切人，無有例外的，都可隨時撤換。過去國家的特質，在什麽地方？社會爲保障公共的利益，就用簡單的分工，創立了某種機關。

23

但是隨着時間的進展，這些機關——在其頭上則爲國家權力——爲着本身的特殊利益服務，就由社會底公僕變成君臨於社會之上的主人了。這不論在世襲的君主制，在民主的共和制裏，都是一樣的。沒有一處地方，是像美國那樣，『政治家』形成了人民之中特別的有權力的一部份的，在美國，政權輪流操縱在二大政黨之手，而政黨的本身，又被從事政治買賣的人所操縱着，他們從事聯邦中的及各州立法會議中的議席的投機，藉政黨的煽動而生活，並以政黨勝利後取得地位爲報酬。美國人三十年來，怎樣思量擺脫這種難堪的羈絆，並他們又怎樣的愈益深陷於腐敗的泥沼，這是盡人皆知的事。恰恰在美國，我們最清楚的看到，本來爲一個社會的最簡單的工具的國家權力，怎樣取得對社會的獨立。在美國，沒有王朝，沒有貴族，並且除了監視印提安人的少數人之外，沒有常備軍，沒有具有固定地位以至恩俸資格的官僚組織的。但在美國有輪流掌握國家政權，以最腐敗的手段，利用之於最腐敗的目的的政治投機家的兩大政黨。人民對於這名爲對他們服務，實則統治他們壓迫他們的兩大政治卡迪爾，是毫無力量的。

爲防止國家和國家機關，從社會底公僕變爲社會的主人——這種現象在向來的國家中是不可免的——公社採用了兩種可靠的辦法。第一，牠把行政上，司法上，教育上的一切職位，委任由普選制選舉出來的人們充任，選舉人對他們的代表隨時有撤消之權。第二，不分職位高低，對一切官吏，無論地位高低，都祇付與和別的工人所領取的一樣的工資。公社所付的普通的最高薪金，爲六千法郎。這樣就造成了一個可靠的障礙物，卽使公社對代議機關的議員們，沒有頒布絕對服從的命令，也能防止獵官運動和野心鑽營了。

舊的國家政權的消滅，並以新的眞正的民主國家來代替牠，這在內戰第三章中已經詳細地加以敍述了。但這裏還必須簡單述及牠的二三特徵。因爲恰恰在德國，對於國家的迷信，由哲學搬到資產階級的，不，甚至是許多工人的普通意識中去了。根據這種哲學學說（註一），國家就是『觀念的現實』，或者是翻譯成哲學言語的塵世中的上帝的王國，永遠的眞理和正義所藉以實現的或應該實現的場所。因此產生了對國家及與國家有關的一切事物之迷信的崇拜，而這種迷信的崇拜，又因爲人們從小就慣於想像以爲整個社會的公共事業及利益，除掉向來所管理的方法，卽除掉由國家及位高祿厚的人們來管理外，沒有別的方法，因此就更加強固起來。人們以爲，他們從世襲君主政體的信仰下面解放出來，走到信仰民主的共和政體，這已是一個十分大膽的進步了。實際上，國家祇不過是這一階級壓迫別一階級的壓搾機，這在民主共和國或君主國裏都是一樣的。國家最好也祇是無產階級在爲階級統治而鬬爭得到勝利之後，所承襲下來的一個禍根，而無產階級必須和公社一樣，立刻剷除這個禍根的最壞方面，直至一個在新的，自由底社會狀況中長成起來的世代，能將國家的一切殘滓完全拋棄。

（註一） 指黑格爾哲學——法文本註。

德國的庸夫俗子（註一），近來又開始爲了無產階級專政這句話，陷入有益的恐怖中了。可是諸位先生呀，你們想知道這種專政是什麽東西嗎？看看巴黎公社吧，這正是無產階級的專政哩！

一八九一年三月十八日，巴黎公社第二十年紀念，F，恩斯格序於倫敦。

（註一）Der……Philister.法文版加有譯註：『如福祿貝爾所指出的那種資產階級——卽「思想下賤的東西」』——日譯本註。

（註一）恩氏原文作『社會民主主義的庸夫俗子』，被德國黨擅改爲『德國的庸夫俗子』，未得恩氏同意——英文本註。

國際工人協會總務委員會關於戰爭的宣言

——致歐洲及美國的國際工人協會會員——

總務委員會關於普法戰爭的第一次宣言

一八六四年十一月，我們在國際工人協會開幕辭中說：「如果工人階級的解放，需要他們友愛的合作，則他們當現在的外交政策之前——牠努力追求貪婪的目的，利用民族的成見，以海盜的手段，浪費民衆的財產與血汗——怎樣才能履行偉大的使命呢？」我們把國際目的所在的外交政策，下了這樣的定義：「支配私人關係的，道德與正義的簡單法則，應該成爲國際關係的最高法則。」

利用法國的階級鬭爭篡奪政權，並藉間歇的對外戰爭以維持政權的魯易，邦那巴特，最先就視國際爲危險的敵人，這是無足怪的。在全民投票的前夜，他藉口工人國際是參與對他的暗殺陰謀的祕密團體——但這種藉口是荒唐無稽的，不久就爲他的審判官們所揭穿了——命令巴黎，里昂，盧昂，馬賽，布列斯特等整個法國，拘捕國際工人協會執行委員會（註一）的委員（註二）。工人國際法國支部的眞正罪狀

（註一）The Administrative Committees. 法文版爲 Commissions administratives 指支部執行委員會——日譯本註。

（註二）工人國際的巴黎聯合會（La fédération parisienne），在一八七〇年四月二十五日的馬賽報(la marseillaise)，發表了反對人民投票的宣言，這使愛彌兒·奧里維厄(Emile Ollivier)的『自由主義』政府，遂行『工人國際領導者』的一網打盡之計（四月三十日以後數日內），這便是在法國發生的工人國際第三次判決案（七月〔實爲六月之誤——日譯者〕二十八日——七月八日）——法文本註。

被拘捕的，在巴黎有馬隆，喬亞那爾，密拉，邦提，亞維里亞爾，朗特克等二十人（委員會主席伐爾郞亡命比利時）；在里昂有亞爾倍爾·里夏爾，迦斯巴爾，布郞，珂爾，杜布列，派里克斯，波伏爾，丟馬爾德列等；在盧昂有奧布列，在馬賽有孔布（伐斯德里加逃往西班牙）；在布列斯特有魯特列，及別的人；在聖·的底安有丟邦及別的人；在卡恩有亞爾里尼等人——日譯本註。

是什麼呢？他們公然地而且著重地告訴法國民衆說：在全民投票中投贊成票，這就是對內贊成專制政治，對外贊成戰爭。在法國的一切城市，一切工業中心地，工人階級之萬衆一心的拒絕全民投票，實際上都是他們（各支部）的工作（註一）。不幸的是，由於農村中的極端的愚闇無識，致使工人的票數給壓倒了。歐洲的各交易所，內閣，統治階級的報紙，以全民投票爲法國皇帝對法國工人階級的大勝利（註二），而從事慶祝，但這不是一個人的屠殺，而是各國人民（註三）屠殺的信號（註四）。

一八七〇年七月戰爭的陰謀，不過是一八五一年十二月政變的修正版。初初看

（註一）法文版爲『賴他們的宣傳，實際上在一切大城市……中工人階級……萬衆一心的……』——日譯本註。

（註二）a signal victory.

（註三）nations. 法文版爲『兩國人民』(deux peuples)。指法德二國人民，表示普法戰爭——日譯本註。

（註四）the signal. 爲（註二）signal victory的文字游戲——日譯本註。

來，這事似乎是太荒唐了，法國人並沒有認眞的相信牠。他們甯願相信議員們的舉發，牠以爲這種由政府方面放出來的戰爭空氣，祗是股票交易上的一種詭計。七月十五日，在立法會議正式宣布戰爭時，在野黨拒絕軍事預算的投票，甚至梯厄耳也認爲這是極『可惡』的，巴黎一切獨立的報紙羣起非難，奇怪的，則是地方各報也幾乎異口同聲的，取了與他們一致的態度。

這時候，工人國際的巴黎會員，又開始從事活動。七月十二日的覺醒報上，他們發表了『告全世界工人』的宣言，我們從中摘引下列的句子：

『現在(註一)，政治上的野心藉口於歐洲均勢與國家體面又來威脅世界和平了。法國，德國，西班牙的工人啊！讓我們的呼聲在反對戰爭的一致呼聲中團結起來。……凡因優勢以至朝廷問題而起的戰爭，自工人看來，不過是一種犯罪的愚行

(註一) 這裏引用的句子出自法文宣言原文。此處是當作一篇文章來引的。按照宣言原文，此處不加簡略符號(……)之處，也有別種字句略去了——日譯本註。

罷了。有些免除血稅負擔的人，看見公衆的不幸又是新投機的源泉，我們——需要和平，工作，與自由的我們，特提出抗議，以回答這種人的愛好戰爭的歡呼。……德國的弟兄們啊，我們的分裂，將不過造成萊恩兩岸的專制主義的完全勝利。……各國的工人啊，無論我們在目前共同努力的結果如何，我們，國際工人協會的會員，無分畛域，謹向你們表示法國工人的好意與敬禮，作爲不能分離的團結的保證。」

在我們巴黎支部的宣言之後，有許多同樣的宣言發表。我們就中祇引七月二十二日發表於馬賽報上的，賽恩河上奴易一地的宣言：『戰爭是正當的嗎？不！戰爭是人民的嗎？不！這祇是朝廷的戰爭。我們以人類，民主主義和法國眞正利益的名義，整個地全力地贊助工人國際反對戰爭的抗議。』

這些抗議，像不久由一件奇妙的事實（註一）所證明的，表現出了法國工人羣衆

（註一）法文版爲 des incidents curieux 複數——日譯本註。

眞實的感情。魯易・邦那巴特做大總統時代所開始組織的『十二月十日會』(註一)，用工人衣服化裝了，跑到巴黎街上，煽動戰爭的熱情，但跟在後面的眞正工人，舉行了絕對多數的，正式的和平示威運動，以致警察總監彼德里認為謹慎起見，要藉口於眞正的巴黎人民，業已充分表露了鬱結的愛國心與潑剌的戰爭熱，此後立即禁止一切街上的政治運動。

不管魯易・邦那巴特與普魯士戰爭的結果如何，第二帝國(註二)的喪鐘已在巴黎撞過了，這個帝國將以一種滑稽曲(Parody)終結，恰和牠以一種滑稽曲開始一樣。但我們不要忘記，使魯易・邦那巴特能開演恢復帝國的惡劇至十八年之久的，

(註一) 魯易・邦那巴特於一八四八年十二月十日被選為大總統之後，以各種流氓及資產階級的渣滓，組織一個所謂十二月十日會，以備幫助他實行政變。在馬克思著的魯易・邦那巴特的布魯美月十八日第五章中有所敍述——英文本註。

(註二) 當然第一帝國是指拿破崙一世的帝國，第二帝國是拿破崙三世的帝國——日譯本註。

是歐洲的各國政府與統治階級。

就德國方面說來，這次戰爭是一種防禦戰爭（註一），但誰使德國被迫而必須出於防禦自己呢？誰使魯易·邦那巴特能對德作戰呢？這是普魯士啊！俾斯麥因要打破國內民衆的反對，使德國併合於霍亨索倫王朝，便與同一魯易·邦那巴特共事陰謀詭計。如果薩多瓦（註二）之戰，德國所得的不是勝利而是失敗，則法國的軍隊將以普魯士的同盟軍的資格，蹂躪德國了。但普魯士在此次勝利之後，是否也做過暫時的夢，要對着受壓制的法國，而建立一個自由的德國呢？適得其反！普魯士一方

（註一）普法戰爭中認爲德國的立場是防禦的，這在現在的我們的感情看來，彷彿是奇怪的，馬克思在這一點上，也受人攻擊，說他『仍是個德國人』。實際從當時的情形而言，內部狀況姑置不論，表面上，形式上，這戰爭總是由於法國方面輕舉妄動的（按照字面意義）挑戰而起的——日譯本註。

（註二）薩多瓦一役係一八六六年普軍最後戰勝奧軍者——英文本註。

面謹愼地保存舊制度固有的好處，另方面又加上了第二帝國的種種詭計——牠的眞正的專制主義與虛僞的民主主義，牠的政治的無恥與財政的詐欺，牠的吹牛皮的大話與卑鄙的詭術。向來祇繁殖於萊恩河一邊的邦那巴特政體，現在又在別一邊生出一個仿造品，從這樣的情形中，除掉戰爭以外，還能發生出別的結果來嗎？

如果德國的工人階級，讓現在的戰爭超出嚴格的防禦戰爭，而變爲對法國民衆的侵略戰爭，則不論勝利或失敗，對於他們將證明同樣是一種不幸。獨立戰爭之後，臨到德國的一切災禍，將以幾倍的熾烈復活起來。

不過工人國際的各種原則，在德國工人階級中間傳播得太廣，並且在他們中間的根基太固，所以不必擔心到這種可悲的結局。法國工人的呼聲，已經在德國得到了回聲，七月十六日，布藍斯衞格舉行的工人羣衆大會，聲明一致同意巴黎的宣言，否認對法國的民族對立的觀念，並以下述的文句做成了決議——『我們反對任何戰爭，首先反對朝廷戰爭……我們以一種深刻的悲愁與痛苦，被迫從事於防禦戰爭，有似從事一種不可避免的惡事。但同時我們喊醒全德國的工人階級，要求民衆自身有決定和平及戰爭的權力，使他們成爲自身運命的主人，使這種巨大的社會不幸，不致重行發生。』

在黑姆尼茨，代表五萬薩克森工人的代表會議，提出了下列決議，全場一致通過——『我們以德國民主主義的名義，以組織社會民主黨的工人的名義，宣布現在的戰爭祇是一種朝廷戰爭……我們歡忻鼓舞來握法國工人伸給我們的友誼的手……各國無產階級團結起來啊，永不忘記這一國際工人協會的標語，我們永不忘記各國的工人都是我們的朋友，各國的暴君都是我們的仇敵。』

工人國際的柏林支部，也回答巴黎宣言道：——『我們以滿腔的熱忱贊成諸君的抗議……我們鄭重宣誓：不管喇叭的吹聲或大砲的轟聲，不管勝利或失敗，都不足以改變我們團結各國工人的共同工作。』

願牠如此！

在這自殺的爭端的背後，朦朧地露出俄國的黑影。正當莫斯科政府剛完成了軍略上的鐵路線，並向普魯德(Pruth)方面集中軍隊的時候，發出了現在的戰爭的信號，這是不幸的徵兆。在應付邦那巴特進攻的防禦戰中，德國人也許能有權利取得同情，但如果他們讓普魯士請求哥薩克兵的援助，或允許牠接受這種援助，便會立刻失去這種要求的權利的。讓他們記一記在反對拿坡崙一世的獨立戰爭之後，德國幾世代中貼伏在沙皇脚下的往事吧。

英國的工人階級，對法國及德國的工人羣衆，伸出了友誼的手。他們堅決相信，不管將來可怕的戰爭進展到如何地步，全世界工人階級的同盟總會消滅戰爭。當法德兩國正在作兄弟殘殺之際，兩國工人却有和平友誼的信使互相往來，這一事實；這種歷史上無與倫比的偉大事實，開展了一個光明前途的遠景，牠證明正有一個新社會在勃興起來，與那具有經濟上的困苦，政治上的癲狂的舊社會打一對照，這個新社會的國際原則，便是和平，因爲無論在那一個國家裏，都將受着同一原則的統治——即勞働的統治！這種新社會的開拓人，便是國際工人協會。

一八七〇年七月二十三日（註一）

（註一）英文版上第一次宣言並無署名，法文版附錄第六『關於三個宣言的札記』（亞梅台·丟諾亞），第一次宣言有下列署名：『羅伐德·亞普爾伽斯，馬爾丁·T·布恩，夫立特里克·布拉特湼克，卡佛爾·斯德普尼，約翰·海爾士，威廉·赫爾士，喬治·哈里斯，弗里特里希·列斯納爾，達維柳·林坦，魯格爾利厄，摩利英·切維，喬治·米爾那，多瑪斯·木泰斯黑特，卻爾士·馬萊，喬治·奧傑，會姆士·拍納爾，普來台爾，柳爾，約瑟夫·薛拍特，斯多爾，修米英，W·泰文甸特。通信書記：由傑奴·杜奔（法國部），卡爾·馬克思（德國部），阿·塞拉伊厄（比利時荷蘭西班牙部），赫爾曼·揚格（瑞士部），喬彭尼·婆拉（意大利部），安東·沙皮基（波蘭部），會姆士·哥安（丹麥部），J·G·厄加里烏斯（美國部）。主席：辨傑明·柳克拉夫德，會計：約翰·佛斯東，總書記：J·喬治·厄加里烏斯——日譯本註。

38

一八七〇年九月九日第二次宣言

我們在七月二十三日第一次宣言中說：『第二帝國的喪鐘已在巴黎撞過了，這個帝國將以一種滑稽曲終結，恰和牠以一種滑稽曲開始一樣，但我們不要忘記，使魯易·邦那巴特能開演恢復帝國的惡劇至十八年之久的，是歐洲的各國政府與統治階級。』

這樣看來，即使在戰爭行爲沒有眞正開始以前，我們也已把邦那巴特的水泡，當成一種過去事物來看待了。

如果我們診斷第二帝國的生命力沒有錯誤，那麽我們對於德國的戰爭所抱的危懼：『是否會超出嚴格的防禦戰爭而變爲對法國民衆的侵略戰爭』？也決不會錯誤的了。防禦戰爭，事實上已經和魯易·邦那巴特的投降，色當的納款，及巴黎宣布共和政治一齊告終了。但在這一切事情發生之前很久，當〔邦那巴特〕帝國軍隊的完全腐敗充分暴露的那時候，普魯士的軍閥就抱定了征服的決心。可是，在他們的路上，有一個討厭的障礙物，這便是威廉王在開戰時的宣言。他在對北德意志國會的勅語中嚴格地宣說：戰爭祇爲的是對付法國的皇帝，決不爲的是對付法國的人民。八月十一日，他向法國人民發表宣言，在這宣言中說：『因爲法國皇帝對於欲與法國人民保持和平並願繼續保持此種和平的德國人，施行海陸雙方的攻擊，朕才對德國軍隊頒布抵禦法國皇帝侵略的命令，而由於軍事上的需要，才不得已越過了法國的國境。』他並不以對德國軍隊下『抵禦侵略』的命令這一聲明自足，着重於戰爭的防禦性質，更進一步的說：『軍事需要上』，越過法國國境的『不得已』，防禦戰爭，當然是不會排除因軍事需要所命令的進攻行動的。

這樣，這位虔誠的國王，在法國及世界面前，鄭重宣誓，他所從事的是一種嚴格的防禦戰爭。但怎樣才能解脫這個鄭重的宣誓呢？舞臺監督們導演他，使他扮演得像是在勉強服從德國人民不可違抗的公意似的。爲了這，他們就立刻給自由主義的德國資產階級（註一）——牠的教授，資本家，市參事會會員及著作家們，以暗示語。這一資產階級，在一八四六年至一八七〇年，爲資產階級的自由而鬭爭時，曾暴露了那樣稀有的無決斷，無能力，與怯懦的醜態的，自然對於爬上歐洲舞臺，作德國愛國主義的獅子吼的這件事情，滿感着鼓舞歡忻的。他們戴着人民獨立（註二）行動的假面具，假裝強迫普魯士政府執行什麼計劃，其實這只是政府的祕密計畫！他們以爲過去在長期間以宗教的信仰，信任魯易·邦那巴特的絕對無過，現在覺悟了表示懺悔，其道卽是大叫支解法蘭西共和國。我們且聽一聽這些盛氣凌人的愛國家的辯解吧！

（註一） the liberal German middle class.（自由主義的德國中等階級）法文版爲 toute la bourgeoisie libérale（全體自由主義的資產階級）。

（註二） 法文版上加有「一度丟棄了的」形容詞——日譯本註。

他們不敢說亞爾塞斯・洛林的人民，是願受德國的統治的。完全相反。因爲懲罰他們（亞爾塞斯・洛林的人民）的法國愛國心起見，「德國的」砲彈，殘暴地轟擊了斯脫拉斯堡亙六天之久，因爲該地是有獨立的砲壘控制的，全城被焚，無抵抗的人民多數被殺。又因這等地方古時曾屬於德意志帝國，所以不論時效如何，應將這種土地與人民予以沒收，作爲德國的財產。如果歐洲的地圖，可由掌故家（註一）的意思加以改變，我們決不要忘記，布朗登選侯（註二）爲獲得普魯士領地，也曾做

（註一） in the antiquary's vein.

（註二） 布朗登選侯 (the Elector of Brandenburg) 爲當時普魯士王室霍亨索倫系的祖先。東普魯士自一二二六年以來，雖爲當時成立的德國騎士團所占據，但在一四六六年的多倫 (Thorn) 條約中，牠是當時處於全盛時代的波蘭王國的臣屬。（西普魯士在波蘭分割以前，爲波蘭領土）。一五二五年，當時的騎士團長布朗登堡・盎斯巴哈系（布朗登堡的分支）的亞爾布列斯德 (Albreeht) 做了世襲的普魯士公，這一系至一六一七年斷嗣，本系布朗登堡選侯兼爲該地領主。所以布朗登選侯爲兼領的普魯士公，自一六一七年至一六五

過波蘭共和國的臣屬的。

但是十分狡猾的愛國家，要求以洛林省中使用德語的部分與亞爾塞斯，爲防禦法國侵略的『物質保障』。因爲這一値得輕蔑的藉口，使許多老實人受到牠的欺騙，我們必須更充分的論到這點。

與萊恩河對岸比較起來，亞爾塞斯一般的地勢，且具有大致位於巴斯爾與格爾梅爾斯哈姆中間的半路上的，斯脫拉斯堡那樣大的要塞，使法國侵入南德意志極爲便利，而由南德意志侵入法國，則特別困難，這原是不容懷疑的。可是亞爾塞斯與使用德語的洛林的合併，使南德意志獲得更強大的國境，這樣一來，牠就變成伏斯

43

七年，都是臣屬於波蘭的（在一六五七年與瑞典聯合，擊破波蘭軍隊，而得獨立，這一普魯士的獨立權，在一六五九年的克里佛條約中，獲得國際的承認）。再者，波蘭現在雖爲共和國，當時實爲王國，此處作 the polish Republic ，是馬克思記錯了——日譯本註。

其（Vosges）山脈全線，與控制北部隘口的各要塞的統御者，這也是不容懷疑的。如果密茨同樣的被合併起來，法國現在就會失去與德國作戰的二個主要根據地了。但這並不妨礙法國在南錫與凡爾登建築新的根據地。當德國據有哥布倫茨，邁因茨，格爾梅爾斯哈姆，拉修泰德及胡爾姆等與法國作戰的種種根據地，這在此次戰爭中，是充分利用了的；德國有什麼理由，去妬嫉法國方面所僅有的兩個較爲重要的要塞——斯脫拉斯堡與密茨呢？加之，斯脫拉斯堡祇有當南德意志與北德意志分裂之時，才能威脅南德意志。自一七九二年至一七九五年，南德意志決沒有在這方面受到侵略，這是因爲（當時）普魯士在反對法國革命的戰爭中，與南德意志是結成同盟的，但自普魯士在一七九五年單獨締結和平條約（註一）後，任讓南德意志自作主

（註一）一七八九年法國發生革命，一七九二年普魯士與奧大利同盟反對法國，一七九三年歐洲各國雖組織對法同盟，然並沒有佔得優勢。一七九五年普魯士與都督府的法國單獨媾和，結成巴斯爾條約，脫離對法同盟。一七九六年，法國裘爾旦，毛洛的二枝軍隊由斯脫拉斯堡侵入南德，一八〇〇年毛洛，一八〇五年拿破崙均侵入南德，占領了維因——日譯本註。

張，放棄不理，於是以斯脫拉斯堡爲根據地，向南德意志的侵略才告開始，而一直繼續到了一八〇七年，事實上，統一德國，像在現在這一次的戰爭中一樣，是能集中整個軍隊於沙爾路斯與朗達胡之間，向邁因茨與密茨之間的路線上前進，或在此處接戰，使在斯脫拉斯堡及亞爾塞斯的任何法國軍隊，陷於無能爲力的地位的。德國軍隊配備在這種地方，由斯脫拉斯堡向南德意志進攻的法國軍隊，都曾被人包圍，切斷連絡的。如果現在的戰爭已經有所證明，那只是證明了德國易於侵略法國一事而已。

但是從實說來，以軍事的顧慮，作爲決定各國國界的原則，這不是妄誕而又時代錯誤的麽？如果這種原則是有效的，則奧大利還須有占據威納提亞與明遮(Mincio)一帶的權利，法國還須有占據萊恩一帶的權利，以保護巴黎，因爲從東北方進攻巴黎，的確比從西南方進攻柏林更爲容易。如果分劃疆界應由軍事利益來決定，那麽各種要求終無已時，因爲每一軍事防線總有缺憾，總可由併吞新的區域而加以改善的，還有一層，此種界線決不會有最後的公正的決定，牠總常常是由征服者強令被征服者承認的，因而牠內部總包含着新的戰爭的因子。

這就是整個歷史的教訓。無論對於個人對於國家都是一樣的。要剝奪他們的進攻力，必須剝奪他們的防禦手段。不獨要扼住他們的咽喉，更須殺死他們。如果有過一個征服者，他為要破毀一個國家的實力而獲得『物質的保證』，那就是拿坡崙第一以的爾西特條約所做到的，以及他對付普魯士及其他的德國的方法；但在幾年以後，他的偉大的力量，仍舊在德國人民之前，摧枯拉朽的倒下來了（註一）。普魯士在最狂妄的夢想中，所能強取於法國的，以至敢於強取的『物質保障』，與拿坡崙向普魯士本身所榨得的『物質保障』比較起來，那算得什麼呢？結果，這次事件的遺害並不會較少些。歷史將規定牠的報復，不以從法國奪來的幾平方哩的面積為標準，而以在十九世紀的後半復活侵略政策這一罪惡的大小為標準。

（註一）這一句法文版上脫落了——日譯本註。

但是——條頓族愛國主義的代言人說——你們不能把德國人與法國人混爲一談。我們所要的，不是榮光，而是安全保障。德國人本質上是最和平的國民。在他們清醒的守護之下，征服的本身，也會從未來戰爭的一個條件，變而爲永遠和平的保障的。當然，一七九二年，抱着用鎗刺殺死十八世紀革命的這一崇高的目的，侵入法國的，決非德國人。征服意大利，壓迫匈牙利，以及因瓜分波蘭而沾汚雙手的，也決不是德國人。他們現在的軍事制度，雖分壯丁爲兩部份——一部是現役常備軍，一部是後備軍，均同樣被強迫服從於神權的統治階級——這種軍事制度，自然是維持和平的『物質保障』，文明進步的最後標的！在德國，和在別的任何地方一樣，阿諛現存權力的人，總是以虛僞的自畫自讚的馨香，來毒害人民的心臟的。

德國的愛國家，雖稱見到密茨及斯脫拉斯堡的法國要塞感到憤激，但他們在華沙，摩特林（Modlin）及伊凡哥羅特（Ivangorod）看到莫斯科〔政府〕的要塞之宏偉建設，却不感什麼威脅。一方面戰慄於法國帝國軍隊的侵略的恐怖，另方面却假作看不見俄國專制政府撐腰的恥辱。

像一八六五年，魯易・邦那巴特與俾斯麥之間交換着諾言一樣，一八七〇年，哥爾却可夫（註一）與俾斯麥之間，也交換着諾言，魯易・邦那巴特自以爲一八六六年戰爭的結果，會使奧大利與普魯士兩敗俱傷，而他將成爲德國的最高仲裁人。同樣的，亞歷山大沙皇也以爲一八七〇年的戰爭的結果，會使德國與法國兩敗俱傷，他妄想成爲西歐大陸的最高仲裁人。第二帝國，認北德意志聯邦與牠的存在是勢不

（註一） Gortschakoff (Alexandre). 俄國外交界的有名人物(一七九八——一八八三年)，爲當時亞歷山大第二的外交大臣，他如何在一方面操縱俾斯麥，在另方面操縱裘爾・法維爾，以策動推翻巴黎公社，這可由去年夏天（一九三四年）莫斯科大學教授夫里斯旦特（Z. Friestand）主編出版的沙皇外交與巴黎公社，窺見一般。該書所搜集的，爲一八七一年一月——十一月中，哥爾却可夫外交大臣與俄國駐外大使的往來文件，駐俄法國代理公使特・迦布利亞克與裘爾・法維爾的通信，駐法俄國公使館書記奧克納夫致哥爾却可夫的報告，駐俄德國公使致俾斯麥的報告等——日譯本註。

兩立的，專制主義的俄國，一定也相信牠將受普魯士領導之下的德意志帝國的威脅。這是舊政治制度的法則，在這法則的範圍內，一國的利益，便是他國的損失。沙皇對於歐洲的優越勢力，是根據於他在德國的傳統勢力的。在俄國內部，火山似的社會力量，正在震撼專制主義的基礎而予以威脅的時候，沙皇能忍受這種對外威信的喪失嗎？莫斯科各報紙，已在重覆着一八六六年的戰爭之後〔普奧戰爭〕，邦那巴特派各報紙所說的話了。條頓族的愛國家，眞正相信只要驅迫法國入俄國的掌握，便能保障德國的自由與和平嗎？如果德國軍事的幸運，成功的自負，與王朝的陰謀，使德國進而奪占法國的領土，那時候祇有兩條路讓德國走，或是德國不得不冒各種危險，做俄國擴張領土的公然的工具；或是在短時休息之後，不得不再來準備一個『防禦』戰爭——不是花樣翻新的『局部底』戰爭，而是一種種族戰爭——不得不重新準備與斯拉夫．羅馬兩個種族的聯合軍作戰。

還沒有力量阻止這次戰爭的德國工人階級，祇因這次戰爭能幫助德國獨立，與使法國及歐洲，從第二帝國這一瘋神之下解放出來的兩個目的，才決然參加這個戰爭。丟下了自己陷於半饑餓狀態的家族，與農村工人一道，供給英勇軍隊以血肉之軀的，那是德國的工人。在國外，他們爲戰爭而大批的被殺，在國內，又將因貧困而大批的死去。現在是輪到他們前來要求『保證』了——即要求保證他們絕大的犧牲不致徒然無益，他們要取得自由，他們要使對於「法國」帝國軍隊的勝利，不致如一八一五年的那樣，轉變而爲德國民衆的失敗；這種保證的第一件事，就是他們要求對法國的名譽的和平，與承認法蘭西共和國。

德國社會民主勞働黨中央委員會，於九月五日發表宣言，極力主張這類的保證。他們說，『我們反對亞爾塞斯與洛林的合併，我們自覺到，我們是用德國工人階級的名義來說話的。爲了法德兩國的共同利益，爲了和平與自由，爲了西歐文明反對東歐野蠻主義的利益，德國工人決不寬恕亞爾塞斯與洛林的合併……我們爲無產階級共同的國際利益，要與全世界的工人同志忠誠地站在一起！』

不幸，我們不能確信他們會立刻獲得成功。如果法國工人在和平時代尙且阻止不住進攻者，那麽德國工人在戰爭正酣的時候，能更容易的阻止住勝利者麽？德國工人的宣言，要求把魯易・邦那巴特當普通犯引渡給法蘭西共和國，而他們的統治者則相反，視他爲滅亡法國的最適當的人物，努力使他重新回到丘伊爾利的宮殿中去。無論如何，歷史會證明，德國工人階級不像德國資產階級用柔軟的材料造成的，他們終能實踐自己的義務。

我們和他們一樣，慶祝法國共和國的成立（註一），但同時我們不禁發生危懼之念，希望我們的危懼祇是一種杞憂。這個共和國沒有打倒王位，不過取得了虛懸着

（註一）法軍在色當敗後，巴黎人民在街上遊行，解散立法會議，使資產階級共和派的議員們入據別墅旅館（市政府），宣佈共和國成立。十一名代表自行組織一個臨時國防政府。羣衆高呼要把台來克羅斯，布浪基這樣的革命者參加政府，但給狡猾地拒絕，以洛其奇參加了事。可參看內戰開始幾節——英文本註。

的王位的地位。牠並不被宣佈爲社會底收穫，而祗宣布爲一種國防的手段。牠是在臨時政府的手中，這政府一部份由有名的奧爾良派（註一），一部份由資產階級共和主義者組成的，後者之中的某些人，因一八四八年六月的暴動，蓋上了難以消滅的烙印。這一政府的閣員間的分工，就不能給人以好的印象。奧爾良派掌握着軍隊（註二）與警察的這個堡壘，另方面，自稱共和主義者的人們，占據了空口說白話的場所（註三）。他們最先的幾樁舉動，就極顯然的表明了，他們不僅承繼着第二帝國的廢墟，而且承繼着牠對工人階級的恐怖。如果現在用共和國的名義，以狂妄的吹牛，允許一些不可能的事情，那麽難道不會因此而引起要求『可能』的政府的呼聲嗎？

（註一） Orleanists (Orléanistes) 企圖奧爾良王朝復辟的一派。

（註二） 顯然指特洛許 (Trochu) 將軍及勒・夫洛 (Le Flô) 將軍——隆葛註。

（註三） the talking departments. 法文版爲『甯是空口說白話的職務』(les fonctions plutôt oratoires)——日譯本註。

共和國在這種資產階級企圖者的計畫中，不是祇用作走向奧爾良王朝復辟的一個應急物與過渡的橋樑麼？

因此，法國工人階級是在極度困難的環境之下行動。臨到敵人已將進敲巴黎城門的目前的危機時，想推倒新政府的任何嘗試，都將是一件絕望的蠢事。法國工人，必須盡他們公民的義務，但同時，他們不應爲一七九二年的（註一）國民的回憶所動搖，如像法國農民爲第一帝國拿坡崙第一的回憶所欺一樣。他們不應重覆過去，而應建設未來，願他們爲本階級底組織工作，平靜地而且決然地利用共和國自由的機會。這會給他們以赫丘利（Hercule——希臘神話中的大英雄，有怪力——

（註一）一七九二年的回憶，乃指一七九二——一七九四年間國民大會的政策而言，那時以「保衛祖國」的名義，從事於反對歐洲各國封建聯盟的革命的進攻戰，在馬克思與恩格斯看來，這表示人們對於國家主義的口號的迷戀，在法國放棄組織工人階級獨立運動的鬥爭——俄譯本註。

譯者）的力量，使法國再生，並從事於我們的共同事業——卽勞働的解放。共和國的運命，全繫於他們的力量與聰明之上。

英國的工人，已經採取了強有力的壓迫手段，從外去克服本國政府承認法國共和國的躊躇。英國政府現在的逡巡，多半是想贖反甲可賓戰爭的罪愆，與承認拿坡崙政變（註一）時的那種不審愼的躁急的。英國工人更在要求政府，傾全力去反對分割法國，而英國的一部份報紙，卻在無恥的要求實行這種分割。正是這種報章，在二十年間，崇奉魯易・拿坡崙爲歐洲的神明，對於〔美國南方各州〕的奴隸主人的叛亂（註二），發狂似的加以喝采的，現在又和當時一樣，在爲奴隸主人效犬馬之勞了。

（註一）指魯易・拿坡崙在一八五一年十二月二日進行的政變，卽所謂魯易・拿坡崙的布魯美月十八日——日譯本註。

（註二）指一八六〇年，因奴隸問題而起的美國南北戰爭——日譯本註。

願各國的國際工人協會的支部，激勵工人階級從事實際活動。如果他們忘記了他們的義務，自居於消極的地位，則現在可怕的戰爭，將成爲更可怕的國際糾紛的先鋒，而使各國握有刀劍，土地與資本的統治者，走到對於工人的新的勝利。

共和國萬歲！

總務委員會

羅伐德・亞普爾伽斯，馬爾丁・J・布恩（註一），夫立特里克・布拉特湼克，卡依爾，約翰・海爾士，威廉・赫爾士，喬治・哈里斯，弗里特里希・列斯納爾，列伊薩帝納，皮・柳克拉夫德，喬治・米爾那，多瑪斯・木泰斯黑特，却爾士・馬萊，喬治・奥傑，詹姆士・拍納爾，普峯台爾，柳爾，約瑟夫・薛拍特，卡佛爾・斯德普尼，斯多爾，修米茨。

通信書記

（註一）據前截法文版附錄扎記，J爲T，英文版第三次宣言德文版均然，T字正確——日譯本註

法國部　由傑奴・杜奔　　意大利部　喬彭尼・婆拉

德國部　卡爾・馬克斯　　匈牙利部　切尼・摩利茨(註一)

比利時荷蘭及西班牙部　阿・塞拉伊厄

波蘭部　安東・沙皮卡(註二)　　丹麥部　詹姆士・哥安

瑞士部　赫爾曼・楊格　　美國部　J・G・厄加里烏斯

主　席　威廉・泰文先特(註三)

(註一) Zeny-Maurice. 此爲 Zévy Maurice (Moritz) 之誤，法文版德文版均爲 Zévy。英文版第三次宣言署名亦然。前載法文版第一次宣言(註一)作 Maurioe Zévy。此或爲匈牙利人屬東亞種，故姓名按照原則爲姓前名後之故，所以依匈牙利式作 Moritz Zèvy 爲正確——日譯本註。

(註二) Anton Zabika. 法文版德文版爲沙皮基 (Zabicki)。英文版第三次宣言仍爲沙皮基，喬姆之國際第二卷一九三頁亦然，故以沙皮基爲正確——日譯本註。

(註三) William Townsend. 英文版第三次宣言，法文版，德文版均爲泰文甸特(Townshend)，後者爲正——日譯本註。

57

會計　約翰·佛斯東
總書記　J·喬治·厄加里烏斯
事務所倫敦　西中央區　哈伊·霍爾蓬二五六號
一八七〇年九月九日

58

國際工人協會總務委員會宣言（法蘭西內戰）

——致歐洲及美國的協會會員——

一（註一）

一八七〇年九月四日，巴黎的工人宣布了共和政治，這種共和政治爲全法國毫無異議的一致歡呼時，奉梯厄耳爲政治家，特洛許爲將軍的一小羣倖進的律師，霸占了市政廳。他們當時對於在一切歷史的危急時代（註二），可以代表全法國的巴黎的使命，是具有極狂熱的信仰的，所以他們爲使自己僭據的法國統治者的稱號得以

（註一） 法文版本章，夏爾爾·隆葛加有標題「國防」——日譯本註。

（註二） 法文版爲「民族的危急時代」——日譯本註。

合法，祇要拿出那已經失卻時效的巴黎議員的委任狀，便認爲已經儘夠了。我們在對於最近戰爭的第二次宣言中，即在這類人掌權的五天之後，我們已對諸君說過他們是什麼人了。但在突發的混亂之下，工人階級眞正的領導者還幽禁在邦那巴特的監獄中（註一），而普魯士軍隊已向巴黎進軍時：巴黎祇在牠有利於國防這個唯一目

（註一）這在馬克思意中，是指帝國政府對巴黎國際黨員第三次判決案中的被告。宣戰布告前幾天，輕罪裁判所第六部的審判官，以加入祕密結社的理由，判決伐爾朗，馬隆，密拉，喬亞奈爾，邦提，孔波，及愛里員以一年的監禁，並有二十名以上的黨員，以加入非法團體的理由，判決兩個月監禁（亞胡里亞爾，塞蒲爾提，夫朗肯，派斯杜厄，羅薛，朗裘望，派紐爾，保爾・羅防，魯布朗，卡爾爾，亞拉爾，安塞爾，別爾旦，波葉，西洛特，特拉克爾，調伐爾（後爲公社的將軍，爲維諾亞的命令所暗殺），底斯，可洛，傑爾曼・卡斯，夏棱，孟哥爾特，夫爾耐茲，里昂・夫倫凱爾，喬及馬爾裘）。亞西，丟哥基愛，夫拉奧及朗台克，因證據不足釋放，伐爾朗（亡命比利時），塞蒲爾提，派斯杜愛，羅薛，卡爾爾，丟哥基愛及喬鉄席裁判——法文版註。

的的顯明條件之下，才容忍了這班人去攫據權位。可是巴黎如不武裝工人階級，組織他們爲戰鬭部隊，以戰爭來訓練他們的隊伍，巴黎便不能防守。然而將巴黎武裝起來，便是把革命武裝了起來，巴黎對於普魯士的侵略者的勝利，便是法國工人對於法國資本家及其國家寄生蟲的勝利。在這種國民義務與階級利益的衝突中，國防政府毫不躊躇的使自己轉變成爲賣國政府。

他們所採取的第一個步驟，便是派梯厄耳去訪問全歐洲的宮廷，提議以共和政治換成皇帝爲條件，請求調停戰事。從被圍起經過四個月，他們認爲可以說出投降的第一句話的適當時機已經來了。特洛許用以下的話，向召集開會的巴黎的區長演說，會議上有裘爾·法維爾及他別的同事列席。

『九月四日之夜，我的同事向我提出的第一件質問，便是巴黎能否抵抗得住普魯士軍隊的圍攻？我不躊躇的做了否定的答覆。在這裏列席的我的幾位同事，可以證明我說這句話的眞實，以及此後我對於這個意見的堅持。我曾用同樣的話向他們說明，在目前狀況之下，要想抵抗普魯士軍隊圍攻的嘗試，那是愚蠢行爲。自然——我要附加的說——這是英雄的愚蠢行爲；但是頂多不過如此了……。事情（他自己所指揮的）沒有出乎我的預料』（註一）。特洛許的這篇可愛的小演說，隨後爲列席會議的一個區長——珂爾旁(M. Corbon)發表出來（註二）。

這樣看來，在共和政治宣布的當夜，特洛許的『計畫』便是巴黎的投降，這是他的同事所知道的。如果國防二字對於梯厄耳・法布爾一派的私人政府，不只是一種藉口，那麼九月四日的暴發者，就得在五日辭職——他們或者向巴黎的民衆公開特洛許的『計畫』（註三），要他們立刻投降，或者要他們〔民衆〕起來用自己的手來

（註一）括弧（　）之內的句子，係馬克思所插入——日譯本註。

（註二）證明這篇可愛的小演說的，不僅珂爾旁一人。在關於九月四日的調查委員會的面前，特洛許將軍本人就是這樣的證明人——隆茵註。

（註三）『不要干涉他——他有他的計畫』。這是人們爲辯護特洛許而不知提出過幾多次的一種藉口——英文版註。

決定自己的運命。但是他們並不這樣幹，寡廉鮮恥的騙子們決心用饑饉與打破頭顱的方法，去醫治巴黎英雄的愚蠢，同時則散布些大言的宣言，例如說特洛許說：『巴黎總督決不投降』，外交大臣裘爾・法維爾說：『不割讓國家寸土，不損失要塞一石』，來欺騙巴黎。就是這位裘爾・法維爾在其給更培泰的信中發誓的說道，他們要防禦的不是普魯士軍而是巴黎的工人。特洛許聰明地委託他們指揮巴黎軍隊的那些邦那巴特派的兇手們，在被包圍的整個時期中，在他們的祕密通信裏，對於那防禦之明顯的裝模作樣，相互間交換着下賤的嘲笑。（可參看，例如巴黎城防軍砲兵隊長最高司令官，佩帶榮譽軍團大十字勳章的亞爾芳斯 茜蒙・義奧給砲兵師團長索尙因的通信，卽發表在公社官報上的）（註一）欺騙的假面具，最後，在一八七一年

（註一） 這封信如下：日期爲一八七〇年十二月十二日。

親愛的索尙因，

鄙人在青年助手裏面，找不到你同事中的赫赤爾，祇找到赫色爾君那樣的人，這豈不

一月二十八日丟下了。國防政府以完全自卑的道地的英雄主義，在牠的投降條約裏，一變而爲俾斯麥所恩准的法國政府了——這種任務太卑鄙了，甚至在色當的魯易・邦那巴特自己，也逡巡着不敢答應。三月十八日事變之後，投降者（註一）拚命逃

是有問題的人嗎？

你願意怎樣，請率直地對鄙人說好了，鄙人將履行你的希望，鄙人或者陪他到我們參謀部去——那裏沒有他可做的事，那便糟糕——或者送他到蒙・伐列里安去——在那裏將不至冒巴黎似的危險（這是爲了雙親之故），那裏祇要跟諾愛爾一樣，向空中放放大砲，裝腔是在施放大砲就得了。

這是無須說得的事，但我按藏不住，故此奉聞，不一。

義奥

祇向空中放放大砲，裝腔像在施放大砲的諾愛爾，當圍攻時期，是蒙・伐列利安的指揮官——法文版註。

（註一）（Capitulards——投降者，這是對梯厄耳政府的侮蔑話——英文版註。

向凡爾賽去，他們叛國的一切證據文件，都落入巴黎手中，而他們爲得要湮滅它，正如公社對各地所發的宣言中所說的，『他們不惜變巴黎爲漂流在血海中的一堆廢墟』。

此外，國防政府中主要閣員中的某幾個人，熱心求得這種結局，還有他們自己極特殊的理由（註一）。

休戰協定締結以後不久，巴黎選出的一個國民會議議員，米里厄爾，經裘爾・

（註一）以下三節全部與第四節中一句，隆葛在最初的法文版中是刪除的。隆葛對於刪除的理由，這樣說：我在這裏認爲必須刪除英文原本中的幾行。這幾行包含有對於裘爾・法維爾，愛爾納斯特及亞爾丘爾・辟卡爾的流行於當時的非難，這種非難有幾分是不正確的。對於裘爾・傅利的一個非難，特別的不正確，這同時可由他極端的穩健主義，與身爲巴黎區長的他的行政的無能來說明。但是丟諾亞爲求『內亂的譯本完全計』，又把刪掉的地方補上去了——日譯本註。

法維爾用特别指令予以鎗殺，這個被鎗殺的米里厄爾(註一)，曾經發表了許多確實的司法文件，證明裘爾·法維爾曾以一個住在亞耳及(註二)的醉漢之妻爲妾媵，許多年來藉最大膽的詭造計畫，用他私生子的名義，攘奪得了絕大的遺產，得到這遺產後，他變成了富翁，以後(前夫的)嫡子提起了訴訟，他爲邦那巴特的法廷遮掩過去了，遂得免於暴露。這類乾燥無味的法律證書，不論用怎樣雄辯的力量，也決不能抹煞得掉的，所以裘爾，法維爾生平第一次鉗口結舌，靜待內戰的爆發，他以爲要是內戰爆發了，便可瘋狂地罵巴黎的民衆都是完全反對家族，宗教，秩序，財

(註1) Jean-Baptiste Milliére (1817—1871) 生爲桶匠的兒子，是一個優秀的新聞記者，Proletaire的創刊者，著作有 Etudes Rèvolutionnaires。一八四八年之後，流放於亞耳及利，受拿破崙帝國政府的虐待。對於裘爾·法維爾之揭發，卽爲此時所得之知識。宣布共和政治後，爲國防軍大隊長，隨後任爲議員。他在巴黎公社中雖無多大活動，亦被處死——日譯本註。

(註二) Alger 爲非洲亞耳及利(Algerie)之首都——日譯本註。

產的越獄囚犯。就是這位僞造家，一旦握得權力，卽在九月四日以後，便深具同情的釋放了甚至在僞造成風的帝國政府時代，因『愛丹達爾』報這個可惡的案子而被判有罪的辟克及泰依友弗爾。其中泰依友弗爾大膽回到公社統治下的巴黎來，又立刻被捕入獄，於是裘爾·法維爾就從國民會議的講壇上，大聲主張巴黎應釋放一切被捕的犯人！

白費心機想做帝國內務大臣而不得，後來却做了共和國的內務大臣的，國防政府的喬·米勒（註一）——愛爾納斯特·辟卡爾，便是亞爾丘爾·辟卡爾的兄弟，後者是爲巴黎交易所逐出的騙子（參照一八六七年七月十三日警察廳報告），後來在做白列斯特洛街五號"Sociécé Génédle"分店經理的時候，據他的自白，他是犯了

（註一） Joe Miller 爲一滑稽小丑的名字。（1684-1733）法文版爲 bouffon 。但據丟諾亞的註『一八七一年工人國際所鄭重出版的法譯及德譯本Joe Miller,改爲Falstaff及……Karl Vogt』——日譯本註。按俄譯本爲卡爾·佛赫特，參閱註釋(三〇)——譯者。

三十萬法郎的竊盜案而被判罪的人（參照一八六八年十二月十一日警察廳報告）。這個亞爾丘爾·辟卡爾由愛爾納斯特·辟卡爾任命爲自由選舉人報的編輯人。在一般股票掮客爲內務部機關報的正式虛報所迷亂的時候，亞爾丘爾便在內務部與交易所中間穿梭般往來，並利用每一次法國軍隊的敗績來獲利。這一對難兄難弟關於金融的全部通信，都落到公社的手中。

在九月四日之前，不名一文的律師裘爾·傅利（註一），在被圍攻的時候，任巴黎市長，努力想從飢餓之中撈些金錢。在必須宣布他惡政的賬目的時候，也就是宣

（註一）Jules Ferry. 關於凡爾塞政府人物的描寫，英文版編者波斯多葛特在序文上有如下的話——「……他（馬克思）對於卑怯而暴虐的壓迫之猛烈憤恨，使他對於政府人物之描寫——即使不是全部，也有一部份變成了簡單的諷刺。例如他對於裘爾·傅利所說的，那是對於一個最勇敢而且卓絕的人的侮辱……」隆葛也指出：馬克思對於傅利的批評是不正確的，（見前註）——旧譯本註。

布他罪狀的時候。

這類的人，那時在巴黎的廢墟中所能找到的，祇有他們的假釋單（註一），他們正是俾斯麥所需要的人。從來隱在幕後操縱政府的梯厄耳，玩了若干手法，現在突然做了政府的領袖（註二），讓那些拿有假釋單的一類東西做了大臣（註三）。

那個奇怪的侏儒（註四）——梯厄耳，約有半世紀，迷住了法國資產階級，因爲

（註一）在英國，對於吃過一大半官司的普通犯，常常給與假釋單釋放出獄，這種持有假釋單的普通犯，在釋放後是受警察監視的。這種假釋單名爲 tickets-of-leave，持有假釋單者名爲 ticket-of-leave-men——德文版註。

（註二）二月八日選舉出來的國民會議，先是在波爾多（以後不久在凡爾賽）召集的。他拒絕宣布共和政治，祇選舉梯厄耳爲『行政府長官』——這就是波爾多條約——法文版註。

（註三）法文版爲『讓九月四日人物中最危險的人物，參加了自己組織的內閣』——日譯本註。

（註四）that monstrous gnome. 法文版爲『極其狡猾的怪物——這個侏儒』。據丟諾亞說，則『夏爾爾·隆格的（極其狡猾的怪物）這一譯句，是出於莎士比亞的故事，而已爲波特萊爾所引用過的』——日譯本註。

祇有他是他們本身階級腐化的最完全的智慧表現。他在成爲政治家之前，早已以歷史家的資格，證明他說謊話的本領了。他的公生活的編年史，是法國不幸的紀錄。一八三〇年以前，與共和派互相勾結的他，由於背叛了他的保護人拉斐德（註一），他才爬上了魯易・斐利普時代的官位（註二）。他藉了煽動暴徒對教士舉行暴動，搶刼了聖・日耳曼・洛塞洛亞教堂與大主教的住宅，並對於特・培利公爵夫人（註三）

（註一） Jacques Laffite (1773-1846) 拉斐德生於伐依融，爲有名的財政家，他牽涉在斯泰維斯基疑案中，該案成爲一九三四年二月巴黎騷動的原因。他於一八三〇年的七月革命中活躍一時——日譯本註。

（註二） 梯厄耳一八三二年起做大臣——日譯本註。

（註三） la duchesse de Berry. 此處法文版爲『身爲內務大臣的他，爲要向本人管轄下的囚犯通慇懃，在這個特・倍利公爵夫人之前先做奸細，後做產婆』。所謂奸細大臣 (the minister-spy) 如法文版上的譯文，則爲『做內務大臣時，替本人管轄下的監獄中的囚人——公爵夫人做奸細』的意義，『產婆』二字，蓄意甚深——日譯本註。

盡了奸細大臣與監獄產婆的任務，才取得了皇帝的歡心。在德郎斯諾囊街屠殺共和派，與以後對於報紙及結社權的九月間頒佈的無恥的法律，都是他的工作。一八四〇年三月，又做了內閣總理（註一）的他，他的建築巴黎炮台的計畫，震驚了法國。他在議會的講壇上，答覆攻擊這種計畫爲對於巴黎的自由的一種陰險陰謀的共和派說：

『什麼！你們以爲某種炮壘工程會有害於自由嗎？而且首先你們在汙衊，以爲將來能有什麼政府，爲了維持其本身，會轟擊首都的……，但是，這樣的政府，在勝利之後，比以前更要百倍的難以〔存在〕吧』（註二）。實際上，除掉前此割讓要塞給普魯士的政府以外，沒有一個政府，敢從這種要塞砲攻巴黎的。

（註一）梯厄耳一八三六年第一次任首相——日譯本註。

（註二）梯厄耳這篇演說，四月初——多半由於公社的顧慮——曾在巴黎揭貼，他們同樣的在幾天之後，揭貼下面所摘引的關於巴爾列摩砲轟的他演說的摘要——法文版註。

當一八四八年一月，轟炸（註一）王在巴爾列摩（註二）初試手腕之時，去職已久的梯厄耳，又在議院的演說台上露面了：『諸君！諸君知道了在巴爾列摩發生了什麼事情，諸君都已聽見了一個大城市遭受了四十八小時的轟擊而恐怖戰慄了（這是就議會的意義而言的）（註三）。誰在施行轟擊？是行使戰爭權利的外敵嗎？不，諸君啊，這是牠本國的政府哩。爲什麼？因爲這不幸的城市要求權利的緣故。是的，爲了要求牠的權利，就遭到了四十八小時的轟擊……。關於這事，請許我訴之歐洲的輿論。在這也許是歐洲最大的講壇上，對那種行爲發出幾許憤激的呼聲（實際上僅有呼聲）（註三），這是表示對於人類的服務……當那個愛斯巴爾特羅（註四）攝

（註一）轟炸王，乃是拿波里王斐迪南二世的綽號，因他在一八四八年轟炸巴爾列摩，鎭壓暴動而得此名——英文本註。

（註二）Porlems。西西里島首都——日譯本註。

（註三）這二句插句，爲馬克思所加——日譯本註。

（註四）Baldomero Espartero(1792-1879)號稱爲長勝將軍，西班牙之軍人兼政治家。公爵。一八四一——一八四三年，爲伊薩伯拉女皇的攝政——日譯本註。

政爲對祖國服務（這是梯厄耳先生所不曾做過的）（註一）鎮壓叛變而主張轟擊巴塞洛奈的時候，也曾引起過全世界極大的憤怒哩。』

十八個月之後，梯厄耳先生變爲法國軍隊轟擊羅馬的最熱烈的擁護者了。實際上，轟炸王的錯誤，祇在乎他的轟擊祇限於四十八小時而已。

在二月革命（一八四八年）前幾天，梯厄耳正因爲基佐將他長期逐出於官職，一無收入，而焦心苦慮的時候（註二），又在空氣中嗅得了將要到來的民衆騷亂的氣味，用他那種使他博得米拉博蒼蠅的綽號的，冒牌英雄的姿勢，對議院宣布說：『我是不僅屬於法國，並屬於歐洲的革命黨的。我是希望革命政府掌握在溫和派的手中的，但卽使政府落在躁急人的手裏，甚至落在激進派的手中，我也不會放棄我的事業，我總是屬於革命黨的。』二月革命發生了，革命沒有像這個侏儒所夢想的，

（註一）這一句插句，爲馬克思所加——日譯本註。

（註二）盡人皆知，基佐與梯厄耳是多年的政敵。梯厄爾在擁立魯易·斐利普方面雖與有力，却上了基佐的香鉤。奇妙的是他們兩人同是政治家，又同是歷史家——日譯本註。

以梯厄耳內閣代替了基佐內閣，而是以共和政治代替了魯易・斐利普。民衆勝利的第一天，他小心謹愼的潛藏起來了，他忘記了工人階級對他的輕蔑，使他沒有受到他們的憎恨。他續以他傳說的勇氣，繼續離開着公共舞台，直至六月屠殺（註一），替他這一黨的行動，從舞台上掃清了障礙。那時，他是『秩序黨』和議會共和政治的指導人物，卽是統治階級一切派別共謀壓倒民衆，而這些派別又各自爲了籌劃他們自身王朝的復辟，互相進行陰謀的，無名的虛位時代的指導人物。當時也和現在一樣，梯厄耳攻擊共和派是加強共和國的唯一障礙；當時也和現在一樣，他正像創

（註一）the June massacres. 法國雖由（一八四八年）二月革命變成了共和國，但在舊態依然的反動形勢中，奮起的巴黎無產階級，於同年六月二十三日——二十六日間四天中間，在巴黎發動了叛亂。資產階級藉了卡芬涅克壓平了這個叛亂，進行大規模的白色恐怖。小資產階級替資產階級當了奸細，打倒無產階級，壓平叛亂以後，這一會却輪到了自己。其中情節，詳馬克思法國階級鬥爭第二章——日譯本註。

子手對於頓・卡爾洛斯（註一）所說的，向着共和國說道：『我要暗殺你，但爲的是你自己的幸福』；現在也和當時一樣，他在勝利的第二天，必然會叫道：L'Empire est fait——帝制是完成了！不管他關於必要的自由權的僞善的說教，和他個人對於魯易・邦那巴特的仇恨，因爲邦那巴特欺騙了他，一脚將他踢出了議會政治（他知道一走出議會政治的不自然的雰圍氣之外，這小小的侏儒就會畏縮而至於無的），他總是從法軍占領羅馬起，到對普魯士戰爭爲止的，第二帝國一切無恥行爲的參加人。——至於這次的對普魯士戰爭，實在是他煽動起來的（註二），因爲他認德國的

（註一）Don Carlos.這名字在西班牙王族中雖很多，但多半係指夏爾爾四世之子（1788-1855），據傳說他是想取伊薩白拉女皇而代之的——日譯本註。

（註二）最近，梯厄耳企圖作一次反對宣戰布告的大演說，爲此對於聖・喬治廣場傍晚時有否激起排外底警察底騷動等事，像是沒有提出抗議。他對於立法會議及國軍的埃及騎兵之責難——這雖是正當的事——祇爲的他們沒有作準備，但過去幾年中，他是不斷指責帝國政府容忍了北德意志聯邦的成立的。不論是否出於自覺，梯厄耳總是不斷的推動帝國政府走上

統一，不是普魯士專制主義的假面具，而是侵害了法國因德國分裂而獲得的權利，所以猛烈呪咀。口頭上，這位侏儒老歡喜拿着拿坡崙第一的寶劍，在歐洲面前揮臂。在他剛剛完成的歷史著作中（註一），刷乾淨了拿坡崙的皮靴。可是事實上，他的外交政策，從一八四一年的倫敦條約起，至一八七一年的巴黎投降，以及在此次內戰中，他獲得了俾斯麥的特別恩准，使色當及密茨的俘虜們，來反對巴黎爲止，總常常以法國的完全屈膝來告終的。雖然他有圓通自如的才能，與變化無定的意向，但他的一生，總是拘泥於極僵硬的常規之中。他永遠不懂得現代社會中更深的底流，這是很明白的；但甚至在現代社會的表面上最明顯的變化，對於這個一切活

戰爭，但這不由於憎惡德國民族的普魯士化，而由於他的關於歐洲勢力均衡的陳舊觀念。如果一八七〇年，不問是統一的或聯邦的德意志共和國的成立是可能的，梯厄耳會更猛烈的去加以摧毀吧，因爲這是他所不斷恐怖的，民衆權利更光榮的勝利哩——隆葛註。

（註一）梯厄耳爲冗長而富詞藻的第一帝國史的著者——英文版註。指l'Histoire du Consulat et de l'Empire 一書——日譯本註。

力都跑上了舌端的頭腦，也是難以接受的。因此他對於超出於舊法國保護制度的任何轉變，都視爲唐突神聖，決不倦於非難的。在他做魯易·斐利普大臣的時候，他冷嘲鐵路是一種無稽的妄想，當他在魯易·斐利普治下變成反對派以後，他罵任何想改革腐敗的法國軍隊制度的嘗試爲一種冒瀆。在他長期的政治生活中，他沒有做過一樁——甚至是最小的——有實益的事情。梯厄耳祇在貪嗜財富與憎惡生產財富的人這點上，有一貫的態度。他在初任魯易·斐利普時代的大臣時，是一個和約伯一樣（註一）的窮人，等到去職時卻變成了百萬富翁。在同一國王的時代，他做最後一任的大臣時（一八四〇年三月一日），他在議院中被人責問國庫的開支，是用他的眼淚來答覆的，眼淚，這是他和裴爾·法維爾以及別的鰐魚們所同樣不加吝惜的商品。在波爾多（註二），他爲救濟法國行將到來的財政危機的初步辦法，便是給自己

（註一）Job.舊約聖經約伯書中的人名。爲堅忍的模範——譯者。

（註二）梯厄耳政府先成立於波爾多，後來移至凡爾賽——日譯本註。

規定了三百萬法郎的年俸，這是『經濟共和政治』之最初而又最後的話，關於這種政治的遠景，他在一八六九年，對他的巴黎選民發表的宣言中已經說過了。在一八三〇年的議院中，雖曾做過他從前的同事，本身又是一個資本家，却獻身於巴黎公社爲代表的倍列先生(M. Beslay)，最近曾在公開的傳單之中向梯厄耳這樣的說：『讓資本去奴役工人，這是你政策的根本，而你從看見勞動共和國出現在市政廳的那一天起，你就每天不停的向法國呼喊：——這些人是罪犯！』(註一)慣會弄國家小欺騙的能手，僞誓與背信的名人，一切小把戲，老猾狡計，議會黨爭上的卑劣倒

(註一)夏爾爾·倍列的信，從頭到尾都是用極美麗的辭句構成的，曾轉載於公社官報(一八七一年四月二十六日)上面。關於『本身是資本家』的倍列，夏爾爾·隆葛說『倍列爸爸』，不可認爲他是和梯厄耳先生一樣，在聖·喬治廣場有他的官邸的。實際上，他祇是和他公社中的同事比起來是資本家而已。倍列在一八七八年三月三十一日死於瑞士的奴夏德爾——法文版註。

戈的熟手，丟掉了官職，便毫不躊躇的從事革命煽動，一朝權在手，也會決不逡巡地使這革命窒息在流血之中，階級成見代替了他的思想，虛榮代替了他的心，他的公生活是可憎的，同樣他的私生活是寡廉鮮恥的——甚至在扮演着法國索拉(註一)脚色的現在，也還不得不因他誇張的滑稽味，而更顯出他行爲的可憎(註二)。

巴黎的投降，不僅將巴黎，也將全法國交給了普魯士，那幾個九月四日的僭竊者——如特洛許自己所說的——完成了卽以九月四日開始的，長期間通敵的叛國陰

(註一) A French Sulla. 索拉爲古代羅馬的獨裁官的名字(B.C.138-78)。在法文版上爲「扮演着法國資產階級底索拉(un Sylla bourgeois)的脚色」。德文版上祇爲 französischer Sulla ——日譯本註。

(註二) 在前六八頁(註一)中，波斯多葛特指出馬克思對於裘爾•傅利的論評之後，就繼續說：「……在別一方面，馬克思對於梯厄耳的可怕而又辛辣刻骨的論評，那是一個傑作，至少，應予輕蔑的政治家之極常見的一個典型(梯厄耳)，是得到了正確評價的，而他也祇有藉了這一敵人的筆尖，才免爲世人所忘却吧——日譯本註。

謀。別方面，投降又引起了內戰，他們現在仗着普魯士的幫助，從事於反對共和國及巴黎的鬥爭。陷穽就是埋伏在投降條件中的。那時候，國土的三分之一以上，落在敵人手裏，首都和各省斷絕了連繫，一切交通機關都解體了。在這種形勢之下，要選舉法國眞正的代表，除非有充足準備的時間，那是不行的。正因爲此，投降條約便規定應在八日之內選舉國民會議，因此在法國許多地方，緊急的選舉的報告，僅僅在選舉當天的前夜，方才接到。此外這種議會還由投降條約明文規定，祇能決定和戰大計，且在無可逃避的情境中，要締結和平條約才來選舉的。人民不得不感覺到，停戰的條件便是使戰爭不能繼續，以及爲要批准俾斯麥所命令的和平〔條約〕，法國最壞的人，就是最好的人。但是梯厄耳並不滿足於這種準備，在停戰〔條約〕的祕密尚未洩漏在巴黎〔人民〕之前，他到各省去作選舉演說，在那裏使正統王朝派（註一）復活，這一正統王朝派，現在和奧爾良派（註二）一樣，都應該取當

（註一） parti légitimiste. 爲主張布爾旁家王位的王黨——日譯本註。

時已不能〔存在〕的邦那巴特派而代之的。他是不怕他們（註三）〔正統王朝派〕的。他們既不能組成法國的政府，因而在競爭者看來就不是一個危險的對手，這種政黨的行動，借梯厄耳自己的話說來（一八三三年一月五日的議會〔演說〕），『除外敵的侵入，內戰及無政府三者以外，別無手段』的，那末除了牠之外，還有什麽政黨更適宜於做反革命的工具呢！他們（註四）眞正相信，以爲期望已久緬想往古的千年王國（註五）是到來了。但在實際上，這裏，有蹂躪法國的外寇的鐵蹄，這裏，有帝

（註二） Orléaniste. 奧爾良家爲布爾旁家的分系，七月革命（一九三〇年）以後，被迎至法國的魯易・斐利普，便是屬於這家的——日譯本註。

（註三） 從文法上看來，雖指邦那巴特派，事實上係指正統王朝派。法文版上爲『舊制度的怪物們』(Revenants de l'ancien regime)——日譯本註。俄譯本譯成『邦那巴特派』——譯者。

（註四） 俄譯本譯明爲『正統王朝派』——譯者。

（註五） Millenium. 這是基督教的千年王國，在馬克思主義中曾爲關於未來社會的爭論的因子。出自基督再生又有千年的黃金時代的傳說——日譯本註。

國的覆滅，有邦那巴特的被俘，並且在這裏他們自己又復活了轉來。歷史的車輪，明明是倒回去停在一八一六年的『無雙議會』（註一）之前了。在一八四八以至五一年的共和國的議會中（註二），他們是由有教育有訓練的議員選手們來代表的，現在跑進議會去的，乃是法國所有的普爾沙涅克們（註三）。

（註一）Chambre introuvable. 德文版加有 der Landrats" und Junkerkammer.（大地主會議）的譯註。這是一八一四年，拿坡崙第一流放到厄爾巴島後，繼承王位的路易十八即位，舉行總選舉所成立的議會，存在於一八一五年十月七日至一八一六年九月五日。爲極端保守的，反動的，極端保皇黨的議會，盲從國王意志，無異議的通過極反動的法律。據說國王自身對牠也給以 Chambre introuvable 的綽號。這是『別處再難找到的議會』之意——日譯本註。

（註二）爲路易•拿坡崙做大總統的時代——日譯本註。

（註三）the Pourceaugnacs. 出自莫利哀喜劇中的人名，是一個愚蠢的鄉下貴族，易被人欺——英文本註。

這個『鄉下地主』（註一）的議會一在波爾多召集，梯厄耳就使他們明白，要普魯士允許他們向共和政治及其根據地巴黎開戰，其唯一條件，就是和議豫備條約立卽得到議會的贊助，甚至無須經過議會的討論。事實上，反革命是再沒有猶豫的時間了。第二帝國把國債增加了二倍以上，而一切大城市，都給沉溺在龐大的市債中

（註一）“Rurals”德文版爲Ruraux (Krautjunkern＝鄉紳)。又在法文版上爲(cette Assemblée “rurale”作形容詞用，這裏有隆葛如下的註：

「這是格斯登・克萊穆(Gaston Crémieux馬賽・公社代表，爲凡爾賽派所鎗殺)所用的話，他從波爾多國民會議的講壇上，發出了這樣的話——『法國恥辱的鄉下地主議會呀！』爲了共和主義底，愛國主義底這種憤激底呼聲，與他參加了馬賽的運動的事實，他爲軍法會議宣告有罪，以後從恩赦委員會(la Commission des grâces)移交給鎗殺隊的手中。在這千奇百怪且極不正當的復仇行爲的時候，那個洛因的議員奧爾提納爾(Ordinaire)對這具有反面意義的，以恩赦爲名的委員會，加上了一個可以傳諸歷史的——殺人委員會(Commission d'assassins)——的名字』——日譯本註。

了。戰爭使債務可怕地膨脹，使國民的資力，受到殘酷的刼掠，爲要完成這種毀滅，普魯士的夏洛克，拿着他法國境內五十萬軍隊糧食的領取證，五十億法郎賠款，以及未付之款應加五厘利息的債劵，留在那兒。誰來支付這篇賬單呢？財富的占有者，要想把由他們占有者本身所推動的戰爭費用，轉嫁給財富生產者負擔，祗有靠暴力推翻共和國這個方法才能達到。這樣，法國的淪亡，刺激起這類愛國的土地及資本的代表者，在侵略者的注視與庇護之下，在對外戰爭上緊接上了內戰——即緊接上了奴隸主人的叛亂。

在這陰謀的路上，站着一個極大的障礙物——這便是巴黎。解除巴黎的武裝，爲成功的第一條件。因此，梯厄耳勸告巴黎交出武裝。但是因爲『鄉下地主』議會狂暴的反共和的示威運動，與梯厄耳自身關於共和國法律地位的曖昧言論，並由於要將巴黎斬首(註一)與褫奪其首都地位(註二)的威脅，奧爾良派之被任爲各國大使，毀滅巴黎商工業的杜福爾(註三)關於過期支票與房租的法律，一切出版物每册二生丁普也・刻爾底厄（Pouyer-Quertier）稅〔的徵取〕，對於布浪基（註四）及夫慶朗斯的（註五）宣告死刑（註六），共和派報紙（註七）的禁止發行，國民會議向凡爾塞的遷移，伯里卡奧（註八）頒布的於九月四日滿期的封鎖令之延期，十二月派（註九）維諾

（註1）decapitate(川)decapitalize多少帶有些詼諧意味。但在法文版上有丟諾亞的註『「斬首」(décapiter)1語，爲原文所無』。德文版則爲 enthaupten und…enthauptstadten ——日譯本註。

（註三）Dufaure (Armand-Jules-Stanislas)律師兼政治家。凡爾賽政府的司法總長(1798-1881)——日譯本註。

（註四，註五）見附錄俄譯本註釋。

（註六）法文版加有『因十月三十一日事變之故』一語——日譯本註。

（註七）這是弗里克斯・比亞的復仇者報，洛修福爾的門檻話報，佛爾壓列爾的鐵嘴報，裘爾・伐列斯的國民呼聲報及傑・比洛德爾的漫畫報。這一切報均以唆使暗殺的理由，爲裘爾・法維爾所禁止發行——法文版註。

（註八）Palikao. 特・伯里卡奧伯爵係指咯尙・蒙德殺（Cousin-Montauban）。這個帝制派的老卒，是繼承政府領袖愛彌爾・奧利維厄的後任的（一八七〇年八月九日）。他爲九月四日的革命所推翻——法文版註。

（註九）the Décembriseur. 指在〔一八五一年〕十二月〔二日〕活動的人——英文版註。

亞（註一）的任爲巴黎總督，帝制派的憲兵，伐朗當（註二）之任爲巴黎警察總監，耶穌會派將軍奧列爾・特・柏拉提因（註三）之任爲國民軍總司令等等，都使巴黎激昂起來了。

現在（註四），我們不得不向梯厄耳先生及爲其部下的國防軍的士兵們發出一個質問。梯厄耳由他的財政大臣普也・刻爾底厄先生的介紹，簽訂立刻付現的二十億法郎的借款一事，是盡人皆知的事實，但下列事實是否眞實的呢？

一、這次交易，是這樣辦理的，有幾千萬的報酬，保證在梯厄耳，裘爾・法維爾，愛爾納斯特・辟卡爾，普也・刻爾底厄，及裘爾・茜蒙之間朋分，作爲私人進

（註一）Viony. (Josephe, 1800-1880)

（註二）Valentin. (Edmond, 1823-1879) 法文版這裏改爲「舊帝制政府憲兵大佐」——日譯本註。

（註三）D'aurelles de Paladine. 法文版這裏也改爲「聲名狼籍的牧師的…將軍」——日譯本註。

（註四）以下四段在隆葛版中删去了，在丟諾亞的法文版中又印刷了出來——日譯本註。

益；

二、此款非在巴黎『綏靖』之後，不付分文。

無論如何，他們對於錢的需要是極其迫切的。因爲梯厄耳和法維爾以波爾多議會多數派的名義，恬不知恥的在懇求普魯士軍隊立刻占領巴黎。但是這樣的事情——正如俾斯麥在回德國的途中，向心悅誠服的福朗克佛的蠢材們冷嘲地並公然地宣說的——決不是俾斯麥的計畫。

二（註一）

武裝的巴黎，爲反革命陰謀路上的唯一的重大障礙物。巴黎因此必須解除武裝。就這點說，波爾多議會是誠實的。如果沒有充分聽到其中鄉村地主們大言炎炎的咆哮之聲，那末梯厄耳之將巴黎移交給十二月派維諾亞，邦那巴特派的憲兵伐朗

（註一）夏爾爾·隆葛在第二章上，加有『三月十八日』這個標題——日譯本註。

當，及耶穌會派（註一）的將軍奧列爾·特·伯拉提因的三頭政治之手這是甚至連最後的疑問的藉口，都會一掃而空的。但一方面傲慢地露出解除巴黎武裝的眞實目的，他方面陰謀者們又用最不顯明的謊話，要求巴黎丟下牠的武器。巴黎國防軍的大砲——梯厄耳說——那是國家所有的，必須歸還給國家。但事實是如此，從巴黎投降的當天起，卽從俾斯麥的俘虜們簽署於法國的降書，却爲了要反對巴黎這一個明白的目的，給自己留着許多衞隊的，這一巴黎投降的當天起，巴黎是一刻不懈的在警戒着的。國防軍重新組織起來，而除了舊邦那巴特派部隊的若干殘餘外，由全隊選出的中央委員會行使最高的統制權。在普魯士軍開入巴黎的前夜，中央委員會把投降者叛變地棄在普魯士軍占領區域內及其附近的大砲及機關槍，搬運到蒙馬德爾，倍爾維爾及拉·維列德地方來（註二）。這種大砲，是由國防軍醵集金錢裝配起來的，在一月二十八日的投降條約中，正式承認這是他們的私有財產，正因爲有這

（註一）法文版上爲「教士」(clérical)——日譯本註。

種名義，所以在政府所有的武器，全數交給勝利者手中時，這種大砲才得免於交出。而梯厄耳因爲完全沒有對於巴黎發動戰爭的最薄弱的藉口，他才不得不說國防軍的大砲爲國有財產的顯然的謊話。

（註二）這裏有某些事實是不正確的。但我們祇想指出些關於中央委員會的作用。大砲及機關鎗在二月二十七日事件中，是爲民衆的自發運動所奪得的。這是對於那天早上揭貼的政府文告，進攻軍的三萬士兵得於三月一日占領倘及里日的回答。

中央委員會——這是二月十八日總得全部組成的——特別用二十九人連具的布告，取締那種『立刻打倒共和國』的任何攻擊，以緩和國防軍的憤怒。但在這種布告之前，當天早上倘有可爾特里的三個團體，即工人國際（Internationa'e），工會聯合會（Fédération des sociétés ouvrieres），二十區聯合中央委員會（Comité central des vingt arrondissements）發出的宣言，請求對於工人的任何攻擊，要有愼重態度。他們說『攻擊將幫助汨沒社會需要在血泊之中，陷民衆於革命敵人的趁心如願。』參照裴撤加列的公社史——隆葛註。

巴黎大砲的沒收，明明祗是解除巴黎的，因而又是九月四日革命的全部武裝的序幕。但是這種革命，已變成法國合法的地位（合法的制度）了。革命產生的共和政治，在投降條約中爲征服者所承認。投降之後，牠爲一切國家所承認，而且是以牠的名義召集國民會議的。九月四日巴黎工人的革命，是在波爾多開會的國民會議及其行政部（註一）的唯一合法的根源。如果沒有這種革命，國民會議就得立刻讓位給（以前）的立法會議，即在一八六九年，不在普魯士統治之下而在法國統治之下，由普選選出由革命的鐵腕所強制解散的立法會議了。那時梯厄耳與假釋出獄的人們，爲要避免到喀因（註二）去的旅行，便將不得不爲取得魯易·邦那巴特署名的

（註一） the exècutif (le pouvoir exècutif). 波爾多的梯厄耳，當時還沒有稱爲大總統，而稱爲「共和國行政部長官」，(Chef du pouvoir exècutif de la Rèpublique) 故稱這一政府爲行政部 (la pouvoir exécutif)。而所謂「行政部」，即就是「梯厄耳政府」——日譯本註。

（註二） 南美的喀因 (Cayenne) 爲法國流放犯人的地方——英文本註。

護照這一目的而降服了。具有與普魯士談判和平的代理人權力的國民會議，不過是革命中的一段插話而已，革命的眞正化身，依舊是武裝着的巴黎——卽發動這次革命，爲這次革命忍受了五個月包圍與饑餓的恐怖的，不管特洛許的計畫如何，進行了長期抗戰，且正因這種抗戰，成爲各省堅決的防禦戰的根據地的巴黎。但現在的巴黎，祇有或者順從波爾多叛變的奴隸主人的侮辱的命令，而交出武器，並承認牠九月四日的革命，除掉轉移魯易・邦那巴特的權力，給其王黨敵人以外（註一），別無意義；或者挺身而出，願爲法國自我犧牲的戰士，將她救拔於滅亡之中，而法國的再生，如果不把那產生第二帝國的且在其卵翼之下成熟而至於完全腐敗的政治，社會條件，予以革命的掃除，那是不可能的。巴黎雖因五個月的饑餓而憔悴了，但牠在這決擇中是毫不躊躇的。牠不管那架在自己的要塞上，向牠睥睨着的普魯士的

（註一） his Royal rivals. 在法文版爲『其競爭者的王族』(princes, ses rivaux)，德文版爲 seine Königlichen Nebenbukler——日譯本註。

大砲，決心勇敢地去冒抵抗法國陰謀家的一切危險。但為了嫌惡使巴黎必須投入漩渦的內戰，中央委員會不管（國民）會議的挑釁，行政部的僭奪，以及在巴黎內外軍隊的威迫的集中，依舊堅持着單純的防禦的態度。

梯厄耳派遣維諾亞統帶許多市警察與常備軍向蒙馬德爾黑夜進軍，以圖出其不意的奪取國防軍的大砲，從此就發動了內戰。這種企圖，在國防軍的反抗，和常備軍與民衆聯歡之前怎樣（脆弱地）澌滅了，這是盡人皆知的事。奧列爾·特·伯拉提因預先印好了捷報，梯厄耳也準備了宣布他政變政策的傳單，但現在這一切，不得不用梯厄耳的告諭來替代，即通知國防軍以他的寬大為懷的決心，讓他們照舊保持他們的武器。他說，他自己確定地感到，他們定能拿着這種武器，集合到討伐叛徒的政府周圍來的。但在三十萬國防軍中，僅有三百人（註一），應召而集合到反對他

（註一） 據波斯多葛特的序文，這三百的數字估計得過小了，但三十萬與三百之比，或係馬克思故意的誣諂——日譯本註。

們自己的小小的梯厄耳的周圍。三月十八日光榮的工人革命，完全統治了巴黎，中央委員會變成了臨時政府。歐洲暫時之間似乎在懷疑着：究竟最近來國家（政府）及戰爭（註一）之熱情的表演，其本身可有什麼眞實性？或者這一切是否是關於久逝的往事之夢呢？

從三月十八日起，一直到凡爾賽軍打進巴黎，無產階級的革命，竟能那樣地免於暴力行爲，而此種行爲，在『上流階級』的革命，更不用說，在他們的反革命中，是充滿了的。除掉勒康特（Lecomte）及克列孟・多瑪（Clement Thomas）兩將軍的死刑與望特姆廣場事件以外，沒有一樁事，可以使反對者藉口狂嗥的。

當夜襲蒙馬德爾時，一個邦那巴特派的將軍勒康特，曾四次（註二）命令第八十

（註一）法文版爲『政治及戰爭』，德文版爲『元首，國家及戰爭』——日譯本註。俄譯本爲『國家的與軍事的變革』——譯者註。

（註二）在波斯多葛特的序文上說『勒康特並沒有四次命令向非武裝羣衆開鎗。』黎撒加列（九八頁）則爲『三次』，克思或者多說了『一次』也未可知，但不論『四次』也好，『三次』也好，勒康特將軍向非武裝民衆命令開鎗一事，則總是稽諸各種文獻而有徵的——日譯本註。

一（註一）聯隊常備軍，向辟卡爾廣場的徒手羣衆開鎗，軍隊不肯應命，他便加以辱罵（註二），他的部下便不去鎗殺婦孺，而鎗殺了他。在工人階級的敵人們訓練之下的士兵，其已經養成的根深蒂固的習慣，自然不會在他們改變其立場的那一瞬間，就可改變的。這類士兵又把克列孟·多瑪處決了。

滿腹牢騷的前軍需官克列孟·多瑪『將軍』，當魯易·斐利普時代末期，加入共和派的國民報，以二重資格爲該報服務，他是該報負責的傀儡，又爲歡喜吵架的該報決鬬部門的決鬬人。二月革命以後，國民報的人們掌了政權，他們在六月屠殺的前夜，使這老軍需官變成了將軍，在六月屠殺中他和裘爾·法維爾同樣的，是陰

（註一）波斯多葛特的序文上，認爲第八十一聯隊係第八十八聯隊之誤，黎撤加列亦作八十八聯隊，似乎波斯多葛特的訂正是正確的——日譯本註。

（註二）他更給了他們以軍法會審和集體槍殺的暗示，說了這樣的話：『你們將悔不當初！』——隆葛註。

險的謀畫者之一，又是卑劣的死刑執行者之一。以後，他和他的將軍職銜，潛蹤無聞了許多時候，到一八七〇年十一月一日，又露到世面上來了，在這前一天，國防政府〔人員〕在市政廳被捕（註一），他們曾對布朗基夫慶朗斯以及法國別的工人階級的代表們莊重地誓言，他們定將篡奪得來的權力，還諸巴黎自由選舉出來的公社手中。他們非但不遵守這個誓言，而且還把特洛許的布爾塔紐人，遣派到巴黎去，這批人現在是占據了邦那巴特派科西加人的位置的。祇有泰米傑將軍（Général

（註一）這是指十月三十日，巴黎民衆因反對國防政府的停戰，衝入市政廳，監禁他們，使他們允許公社總選舉這一件事而言，所謂『十月・三十日事件』的便是。裘爾・法維爾以下悉遭逮捕。但裘爾・傅利和特洛許用詭計指揮了布爾塔紐人（這是反動的民族，經常與巴黎人為敵），立即奪回了市政廳。

邦那巴特生於科西加島，這是盡人皆知的。特洛許（Louis-Jules Trochu, 1815-1896）則是生於太平洋的孤島倍爾・伊爾的，該島屬於布爾塔紐地方的摩爾皮安州——日譯者註。

Tamisier），拒絕這種沾辱名節的背信行爲，辭去國防軍總司令之職，于是克列孟·多瑪便頂替了他，再做起將軍來了。在他做司令官的整個期間，他不對普魯士軍作戰，而對巴黎國防軍進行戰爭。他阻礙他們的全體武裝；以資產階級的隊伍，進攻工人隊伍。凡反對特洛許『計畫』的軍官悉遭驅逐，而那英雄行動使最倔強的敵人也爲之震驚的這一無產階級隊伍，竟被以卑怯的惡名予以解散。克列孟·多瑪感到了很大的驕傲，因爲他又重新證實了自己對于巴黎工人階級的切身之仇，這仇恨在一八四八年六月戰鬥中已經表示得很顯明了。僅僅在三月十八日的前幾天，他在陸軍大臣勒·夫洛（註一）之前，提出了他獨自的『根絕』黎惡徒(Candille)的嬌花(La fine freur)（註二）的計畫。維諾亞失敗之後，他不得不以『愛美者』偵探（註三）

（註一）La Flô 英文版及德文版均爲 Leflô·——日譯本註。

（註二）la fine fleur. 英文版上加有 the cream（即精華）的注釋——譯者。

（註三）『愛美者』偵探，（An Amateur spy）即並非爲生活，而是對此道有興趣的一種偵探——譯者。

的資格，出現到行動的舞台上來。中央委員會以及巴黎工人對于殺死克列孟•多瑪及勒康特所負的責任，正與英國威爾斯郡主到倫敦的那天，對於因擁擠而死的民衆運命所負的責任一樣（註二）。

所謂屠殺望特姆廣場徒手羣衆的這回事情，那是一個神話，梯厄耳及鄉下地主們雖然在議會上故作不知，但委託歐洲新聞界的小子們去傳播消息。『秩序黨人』，即巴黎的反動家，在三月十八日的勝利前面戰慄起來了。對于他們，這是步步迫來的民衆復仇的信號。從一八四八年的六月事變到一八七一年一月二十二日，暗殺在他們手上的犧牲者的幽靈，在他們面前站立起來了。但是他們得到的惟一懲罰，只

（註五）這一無所著落的責任，中央委員會在幾天之後，向我送來了一件聲明，加以否認，當時我是官報的委員，這聲明是要在官報上面揭載的。據魯易士•米歇爾所說（公社一八九八年版），除這種否認以外，也曾向編輯提出了誰的過失的這種形式的責任問題，但我不見決定這種事實。

從一切文件推斷起來，確切的事實不外乎此，例如由革命家傑克賴爾(Jaclard)和勒(Ferré)組織的蒙馬德爾的委員會，不僅對於當天發生的事情，即對於二個將軍之死，也仍是沒有關係的。魯易士・米歇爾的敍述，由於她是一個直接的下手人而且又是實際的目擊者，故就此點而言，是極有價值的，米歇爾說(第一四一頁)：『從夏德・督求拉到羅熱爾街來的克利孟・多瑪與勒康特，有他們特殊的仇敵，這便是他們自己的兵士們……蒙馬德爾的革命家是想使這些將軍從他們告有應得的死裏逃出來的……而加里波的派的大尉，爲要保護他們，已經冒了生命的危險……人們怒從心頭起，射擊的槍口自然而然的發出來了。』

秩序黨的人們，一到要以立時屠殺居民來平息他們的心，和判決生存者以死刑時候，比起所謂無秩序的人們，是要化費更多的考察與手段的。正因爲這種情形，那個赫爾般・賴克勞(Herpin-Lacroix)——即據魯易士・米歇爾在法庭上提出的許多證據，在三月十八日爲要救援兩個將軍而自己冒生命的危險的舊加里波的黨員赫爾般・賴克勞，在逮捕以後經過許多時日，才宣布他是殺死兩個將軍的兇手，判處死刑後，加以槍斃的。另方面，在正式的統治者中，有什麼道德的優秀性呢？否認麼？哼！在正式廢除政治犯死刑的二十三年以後，這種殘殺階級敵人的事情，那是表示懷疑他們的天賦人權——隆葛註。

是恐慌而已。甚至對市警察，也大開了巴黎的城門，讓他們安全的退到凡爾賽，並不去解除他們理應解除的武裝與監禁他們。秩序黨人，不僅沒有受到什麼危害，更且集合起來，在巴黎中央占領了不止一處的重要地點。正是這種與秩序黨的習慣出奇地不同的，中央委員會的寬容——武裝工人的大度，使秩序黨誤會做這是他們軟弱的表現，又正因爲這一原故，才造成了他們愚蠢的計劃，想在非武裝示威的掩蓋之下，來進行維諾亞藉大砲與機關槍之助而無所成就的事情。三月二十二日，從富麗堂皇的街上擁出了大批喧騷的人羣，一切紈袴子弟都加入隊伍，領隊的是帝國中有名的親友——赫刻朗（Heekeren），喀厄德洛恭（註一），亨利・特・配因（註二）等等。他們在和平示威運動這個卑怯的藉口之下，偷偷地在行列中，混進了暗中帶着武器的烏合之衆，他們在前進的時候，一遇到國防軍的巡邏隊和哨兵，便加以虐

（註一）Coëtlogon（Alain-Emmanuel, 1646-1730）爲海軍總司令——日譯本註。

（註二）Henri de Pène爲哥爾人報（Gaulois）及巴黎日報的創刊人——法文版註。

待並解除了他們的武裝。跟着『打倒中央委員會，打倒暗殺者，國民會議萬歲』的口號，他們衝出和平街，突破了分布在那裏的警戒線，于是便想嘗試出其不意的，占領在望特姆廣場的國防軍的總營。國防軍對於他們的開槍，發出了普通的勸降警告（在法國，〔這種勸降警告〕相當於英國的〔朗讀〕違犯治安條例），知道這勸降警告無效時，國防軍的將軍才下令開槍。這批愚蠢的花花公子們，以爲祇要對於巴黎的革命，擺擺自己『尊嚴』的架子，便會得到像約瑟（註一）的喇叭對耶利哥（註二）的城牆一般的效果，却不料在一陣射擊之下，紛紛作鳥獸散了。逃走的人，在他們後面，丟下了兩個被殺的國防兵，九個重傷者（註三）（其中一個是中央委員）（註四）

（註一）Joshua （註二）Jericho 約瑟爲希伯萊種族之首長。耶利哥爲巴勒斯坦的一個城市。約瑟奉神之命，包圍了耶利哥城七日，使七個僧徒吹着喇叭。到第七天，全體民衆在約瑟命令之下大聲呼喊，於是堅固的耶利哥城立時倒塌了。這故事出自舊約聖經的傳說——日譯本註。

以及他們『和平』示威運動之『非武裝性』的證據——散滿了一地的手槍，短刀，杖刀等大打出手的一幅場面（註五）。一八四九年六月十三日，國防軍爲抗議法軍（註六）對羅馬兇殘的攻擊，而舉行眞的和平示威運動時，當時的秩序黨將軍匈迦爾涅

（註三）據波斯多葛特序文上訂正的，爲國防軍死一人，負傷者八人，但據黎撒加列（一三〇頁）則死者二人，負傷者七人——日譯本註。

（註四）馬爾裴耳奈爾(Maljournal)腿上被槍彈所傷——法文版註。

（註五）關於望特姆廣場事件的全部記載，係根據最可信用的英國各報與事件發生後數天，巴黎官報上揭載的聲明書。是誰呢？正是這個黎撒加列，經我的要求，舉行了嚴密的調查，担任蒐集一切種類的證據之後，製成了上述的聲明書的。他引用了美國軍官薛孟(Shermen)的證明，這是個多次戰勝南軍的名人，是從窗口瞭望着當時的情景的。

黎撒加列在公社史（第六章）的註解中說：『攻勢是顯然的，三月十八日革命中到處活動的二十六處的軍法會議，沒有一個敢對望特姆廣場事件提出一句話的』——隆葛註。

（註六）法文版上爲『烏提諾(Oudinot)將軍的法軍』，事實是如此的——日譯本註。

（Changarnier）爲要屠殺這些非武裝人員，蹂躪之于馬蹄之下，四面八方的調集自己的軍隊向他們襲擊，這時他得到了國民會議，特別是其中的梯厄耳先生的歡呼，把他當成了救世主。巴黎當時是在封鎖狀態之下。杜福爾匆促地要議會裏通過了許多新的鎮壓法。新的成羣逮捕，新的成羣放逐——新的恐怖統治開始了。但下層階級是用別種態度對付這類事件的。一八七一年的中央委員會，天眞地忽視『和平示威運動』的英雄們到了這種地步，使僅僅在二天之後，他們就已能藉有名的向凡爾賽的潰退做掩飾，爲進行武裝示威運動，能夠在塞塞（註一）提督之下集合起來。因爲嫌惡繼續內戰——由梯厄耳向蒙馬德爾的黑夜偸襲而開始的內戰——中央委員會就犯了一個極度嚴重的錯誤（註二）：他們不向當時完全無援的凡爾賽立刻進攻，以剷除梯厄耳與鄉村地主們的陰謀。不僅如此，他們還允許秩序黨在三月二十六日公社選

（註一） 法文版上爲『得以集合在第二區的事務所，受塞塞提督（l'amiral saisset）的指揮。』

——日譯本註。

舉的那天，在投票箱中試驗他們的力量。這時候，他們在巴黎各區的事務所裏，跟十分寬大的勝利者們和易地談些消仇息恨的話，而在心裏則暗暗的發誓，只要時機一到，便殲滅他們。

現在，且看徽章的反面吧。梯厄耳在四月初，向巴黎第二次開戰。送到凡爾賽

（註二）人們當時是這樣說的，現在也是反覆着這些話。究竟這是確實的事嗎？我毋甯是佩服用下面的話，去簡括中央委員會的工作的，那個公社歷史家（指黎撤加列）的意見的：「他們的勤務，與他們因軍隊官吏的逃走，重新占領蒙・伐列里安而又放任不管的正相對銷。人們說，他們在十九日或二十日是應該向凡爾賽進攻的。議會一接到最初的警報，便應控制軍隊，行政廳，與左翼地帶，並以一切必需的欺騙手段，取得芳德奴布洛的。凡爾賽的占領，祇是和敵人掉換地位，而不會占領長久的。民衆的軍隊，同時要維持這一開放的城市（凡爾賽）與巴黎，準備方面是太不夠了。」

實在說來，馬克思起草工人國際的宣言時，他是不能知道民衆在三月十九日的狀況如何的——隆葛註。

去的巴黎的第一批俘虜，受到慘不忍睹的虐待，那時候，愛爾納斯特・辟卡爾兩手插在袴子袋裏，盤旋走着嘲笑他們，而梯厄耳的和法維爾的夫人們，則在婢僕簇擁（註一）之下，從露台上，向這種凡爾賽暴徒的暴行喝采。被捕的常備軍的士兵，行若無事的被屠殺了，我們勇敢的友人，鐵匠調伐爾將軍，不加任何審判形式，便遭槍殺（註二）。在第二帝國時代的宴會中，因其妻的出乖露醜而著名的成爲他妻子之

（註一） ladies of honour.（榮譽的夫人）在法文版與德文版上，相當於 honour（榮譽）的一字上加有括孤，英文本則『榮譽』後加有（?）——譯者。

（註二） 調伐爾（Emile-Victor Duval）一八四〇年十一月二十七日生於巴黎，一八七一年四月四日在普底・比賽德爾被人槍殺。此處法文版爲『鐵匠罷工之時，我們曾在那裏見過的，我們勇敢的朋友調伐爾將軍，在維諾亞命令之下，不經別的裁判形式，遭受鎗斃。』在註解上，丟諾亞說；『無疑的，譯者曾經說到調伐爾在巴黎鐵匠的罷工（一八七〇年四月）中，或在罷工以後，曾經訪問過倫敦的總務委員這件事的。根據調伐爾這人的提議，全部罷工工人（約一千人）在四月二十八日大舉的加入了工人國際……』——日譯本註。

男妾的迦里佛（註一）在一道佈告中大吹他用獵（騎）兵的奇襲，解除了一小部份國防軍的武裝，命令將隊長副官一齊槍斃的這件事。逃走的維諾亞，因爲發了一個一般的命令，叫把捕到凡屬於聯盟軍（國防軍）的每一個常備軍兵士一律槍斃，梯厄耳頒給他以榮譽軍團大十字勳章。憲兵台馬萊，因爲像屠夫似的不義地把那精神崇高而有騎士風的夫屡朗斯，切成肉塊而得獎章，可就是這位夫屡朗斯在一八七〇年十月三十一日，卻曾救了國防政府的領袖們的。關於這次暗殺之『鼓舞士氣的詳情細節』，梯厄耳在國民會議中曾揚揚得意地稱述不已。他以那種議會中矮子的自高自大的氣概，讓他扮演泰梅蘭（見俄譯本註釋五五）的角色，他對於一切反對他那個猥瑣

（註一）Galliffet（Gaston-Alexandre-Auguste de）．一九〇一年任陸軍大臣。他在色當統率非洲獵騎兵，武功喧赫一時，他是消滅巴黎公社的將軍，很久爲法國工人階級嗟怨的目標（1830－1909）。第一次的隆葛的譯本上，將關於迦里佛之妻的一段話刪去了，但丟諾亞版又加上了——日譯本註。

小人(註一)的人，他便連文明戰爭的任何權利，甚至野戰醫院的中立權也不給他們。誠如服爾泰所預料的，再沒有比暫時准其自由發揮老虎本能的猴子更爲可怕的了。

公社在四月十七日下令報復，並宣言『反對凡爾賽強盜的野蠻行爲，防衛巴黎，以眼還眼，以牙還牙』爲自己義務之後，梯厄耳依舊沒有停止對俘虜的野蠻待遇，此後，他並在公告彙編中侮辱他們：『誠實人的痛苦的眼光，從沒有看到過更墮落的民主政治(註二)之更墮落的臉孔』——像梯厄耳本人，和假釋出獄者的閣員們似的誠實人！但鎗斃俘虜的事暫時總算停息了。可是梯厄耳及其十二月黨的將軍

(註一) his littleness. 德文版爲 seine winzigkeit. 法文版爲 sa petitesse，係嘲笑梯厄耳的矮小的——日譯本註。

(註二) 此處英文本與俄譯本，均作民主政治(Democracy) 而日譯本譯成「陰謀煽動」，(Demagogone)，不知係法文本如此，抑係日譯者錯誤，因手頭無德法文本，不能確定——譯者。

們，一知道公社的報復命令，不過是空口威脅，喬裝國防軍在巴黎被補的他們的憲兵間牒，當場捉獲的手持燒夷彈的警察，都沒有被處死刑——于是又開始了大規模的槍殺俘虜，直到最後並未停止。憲兵包圍了國防軍躲避着的房子，用煤油（煤油在這次戰爭中才第一次出現）澆灌，縱火焚燒。焦爛的屍體，隨後爲推爾因區的新聞界傷兵車搬運出來。四個國防軍，于四月二十五日，在倍爾·厄畢因向一隊騎兵納了降，以後爲似乎是迦里佛部下的一個隊長所一一鎗殺。四個犧牲者中間的一個，被人當作屍首丟棄的辟弗爾(Scheffer)，爬回了巴黎的前哨，向公社的某個委員會報告了這件事實。德朗（註一）向陸軍大臣質問委員會的這一報告時，鄉村地主們用呼喊壓倒他的聲音，禁止勒·夫洛的答辯。一談到這種豐功偉業，便是對於他們『光榮』的軍隊的侮辱。梯厄耳的公告彙編中，報告在繆朗沙魁（註二）襲擊入睡的聯盟軍，用槍刺屠殺，與在克拉馬爾（註三）的集團鎗斃時所用的那種輕描淡寫的語

（註一）Tolain (Henri)，金屬彫刻師，國民會議議員——日譯本註。

調，連說不上神經過敏的倫敦泰唔士報的神經，也刺激起來了。但現在來敍述那些轟擊巴黎者，與受外敵保護的，奴隸主人的叛變教唆者正在開手的殘暴行爲，那是可笑的。在所有這些恐怖中，梯厄耳忘記了在議會中悲嘆他侏儒的兩肩上面，壓着可怕的責任，而只在他的公報中，誇說 L'Assemblée siège paisiblement（議會在和平之中的開會），他的消化力，絲毫沒有受到妨礙，卽使是勒康特與克列孟·多瑪的幽靈，也沒有妨礙牠，這可由今天與十二月黨的將軍，明天與德國皇族的不斷宴會中，可以證明的。

（註二）Moulin Saquet. 五月三——四日的夜半，防守碉堡的聯盟軍，因疲乏與指揮不當，在幕帳下面熟睡了，那時遭到凡爾賽軍隊的奇襲。凡爾賽軍先把哨兵拉走，隨後衝入碉堡。在全體五百名的守備兵中，約有五十人被殺，屍體寸碟，獲大砲五門，俘虜二百。據說這是由於第五十五大隊的司令官洩漏口令所致。這便是所謂『繆郎沙魁事件』——日譯本註。

（註三）Clamart. 克拉馬爾有二處，一在巴黎郊外，一在巴黎市內的墓地。這裏似指後者的屠殺。凡爾賽軍隊由郊外的克拉馬爾發砲，其激怒巴黎，公社史上常有述及——日譯本註。

三（註一）

三月十八日黎明時候，巴黎在『公社萬歲』的鬨鬧聲中，醒了轉來，使貧產階級心頭着惱的，這個斯芬克斯的公社，究竟是什麼東西呢？

『首都的無產階級』——中央委員會在三月十八日的宣言中說（註二）——『知道在統治階級的覆滅與背叛之中，懂得了親手掌握公務的管理以收拾時局的時機，

（註一）法文版由隆葛加上標題：『公社的歷史價值』——日譯本註。
法文版註。

（註二）這裏引句的出處，不是中央委員會的宣言，而是三月二十一日『官報委員』的一篇文章——這篇文章標題爲三月十八日革命。馬克思所引用的，不是一整段內的文字，而是由前後懸隔的地方撮引的。後段的『無產階級……』與『……自己的命運』之間，原文的句子爲：『臨到了威脅自己權利的危險，一切正當願望的絕對否定，與祖國及其希望的淪滅……』——日譯本註。

已經臨到了……無產階級懂得了擔負自己的運命，用奪取政權以保證其勝利，這是他們的緊急義務，又是他們的絕對權利。』但是工人階級不能將現成的國家機關簡單地據爲己有，去求達自己的目的。

具有常備軍，警察，官僚，教士及裁判官這些無處不在的機關——依照一種系統的與等級的分工計畫造成的機關——的中央集權的國家政權，是發端于專制君主政治時代的，這種政權對於新興的資產階級社會，是反對封建制度鬬爭中的一種有力武器。但是牠的發展，爲各式各樣的中世紀的殘餘，諸侯的權利，城市及行會的壟斷，以及地方性的法律所阻礙了。十八世紀法國革命的偉大的掃帚，把過去時代的一切遺物一掃而空，同時，從社會基礎上，也清除了在第一帝國——這是舊的，半封建的歐洲，聯合以戰爭反對近代法國的產物——之下建築起來的近代國家組織的上層構造的最後障礙物。在以後各種相續的制度中，政府在議會統制之下，即在有產階級的直接統制之下，不僅成爲促進龐大的國債與過重的租稅之滋長地，不僅成爲由于地位及金錢的吸引而難以抵抗的誘惑，在統治階級內部矛盾的黨派與冒險者之間引起爭奪的骨頭，其政府的政治性質，更是跟着社會的經濟變化而同時變化的。近代產業的進步，使資本與勞工間的階級對抗發達了，擴大了，並加深了，而國家政權亦以同樣的速率，愈加帶上一種資本反對勞工的全國權力的性質，爲社會的奴屬而組織的公共權力的性質，與階級專政機關的性質了。在階級鬬爭中劃出進步段落的每一次革命之後，國家政權之純粹壓迫的性質，愈加顯明了。一八三〇年的革命，結局由地主政府變爲資本家的政府，這便是政府由工人階級更遠的敵人之手，轉移到更直接的敵人之手了。資產階級共和派以二月革命的名義，掌握了國家政權，利用牠來進行六月間的屠殺，爲的要讓工人階級相信：『社會』共和國的意義，就是表示他們對社會的屈服，並爲的要讓資產階級中的王黨及地主階級相信，他們儘可放心把政府的顧念與好處，委託給資產階級的『共和派』。但在他們六月的英勇勳業之後，資產階級共和派，不得不從前線，後退到『秩序黨』——即與生產階級公然對抗的，由私有階級的一切競爭派別，朋黨所組成的聯合戰線——的後方去了。他們的合夥政府（註一）的固有形式，便是以魯易·邦那巴特為大總統的議會共和國（註二）。他們的統治，是公然的階級恐怖政治的統治，是對於「卑劣民衆」的故意的侮辱。如果議會共和國，如梯厄耳先生所說的，是「使他們（統治階級的派別）分裂最少的」，那末這個階級與他們極少數人的隊伍以外的社會全體中間，有一道深淵存在。在以前各種制度之下，因他們自己的分裂，牽制了國家政權，這種牽制力現在由於他們的團結而除掉了，他們鑒於無產階級威脅式的興起，現在就不容情的，公然的使用這種國家政權，作為資本對勞動人民鬭爭的機關了。但在這種反對生產羣衆的不斷的十字軍中，他們不僅必須將不斷增加的壓迫力賦與給牠的執行部，同時又必須從他們的議會堡壘——即國民會議——中，逐漸剝奪牠對於這種

（註一） joint stock Government.

（註二） the Parliamentary Republic

執行權力的防禦手段。以魯易·邦那巴特來代表的執行權力，驅逐出了他們。『秩序黨』共和國的自然產物，便是第二帝國。

藉政變作誕生證，藉普選批准，而且藉寶劍作皇笏的帝國，是自稱爲超出於勞資鬪爭的直接漩渦，依據在生產大衆的農民身上的。是自稱爲打破了議會政治，同時打破了政府對於有產階級之公開的服從，而援救了工人階級的。牠自稱爲因擁護了對於工人階級的經濟優越權，而援救了有產階級的。最後，牠自稱爲替人民恢復所謂國家榮譽的這一幻想，團結了一切階級的。實際上，牠是在資產階級已失去統治人民的能力，而工人階級還不能獲得這種能力的時候，所可能有的唯一的政府形式。（註一）牠是社會的救主，博得了世界的采聲。在牠統御之下，資產階級社會，得免於政治的顧慮，而且得到了出於預料的發展。商工業擴大到絕大的範圍，財政

（註一）這是政治學上有名的邦那巴特主義（bonapartism）的定義——日譯本註。

的詐取、開着世界慶賀的筵宴(註一)。人民的貧困，因這種華麗的，淫猥的，而且卑劣的寡廉鮮恥之誇耀，更襯託得觸目了。國家政權，表面上雖是高高立在社會之上的，同時，其本身却是社會的最大的醜事，與一切腐敗的滋生地。牠本身的腐敗，與牠所保全的社會的腐敗，爲普魯士的鎗刺所揭穿了，而普魯士自己，則熱心追求着，要把這制度的最高座位，從巴黎搬到柏林去。凱撒主義(註二)是這樣一種國家政權之最淫靡與最後的形式，這一政權是日在生長中的中產階級社會(註三)，爲要從封建制度中解放出自己才開始製造的一種手段，但是成熟了的資產階級社會(註四)，

(註一) 這一句俄文本譯成『交易所的投機，開催着全世界的慶功宴』，較易了解——譯者。

(註二) Imperialism. 依字面譯，卽爲『帝國主義』，今依俄譯本譯成『凱撒主義』——譯者。

(註三) middle-class society. (註四) bourgeois society. 均爲『資產階級社會』的意義。譯middle-class society 爲中產階級雖不確當(本書其他地方大抵譯作『資產階級社會』)，此處特加分別因視譯語而異。前者在法文版爲 la classe moyen，德文版爲 bürgerliche Gesellschaft，後者在法文版爲 la société bourgeoise，德文版爲 bourgeoisgesellschaft ——日譯本註。

已經把牠轉變成爲資本奴役勞動的手段了。

帝國的直接反對物，是公社。巴黎無產階級用來歡迎二月革命的呼聲：「社會共和國」，不過表示出一種糊漠的對於共和國的渴望，這種共和國不獨應消滅君主政體的階級統治形式，又應消滅階級統治的本身。公社，便是這種共和國的明確的形式。

巴黎，這個舊的統治權力的中心地，同時，又是法國工人階級的社會堡壘，武裝起來反對梯厄耳及鄉村地主們的企圖——恢復帝國所遺留給他們的舊的統治權力，且使這種權力萬古不朽的企圖。巴黎所以能夠抵抗〔凡爾賽〕，祇因爲包圍的結果，巴黎已經清除出了軍隊，而代之以大部份由工人組成的國防軍的緣故。這個事實，現在應該轉變成爲一種制度。所以，公社的第一道命令，是廢除常備軍，代之以武裝民衆。

公社是由市內各區運用普通選舉權所選出的市政參議（Municipal Concillors）

構成的，他們（對人民）負責，並可隨時撤消職權。其中大多數人員自然爲工人，以及工人階級的著名代表。公社不是議會團體，而是同時兼有執行權及立法權的行動團體。警察向爲中央政府的工具，此時立刻脫去他們的政治特質，而變爲公社的負責的並可隨時撤換的工具了，其他治理機關的官吏也是如此。自公社代表以下，公共職務必須取得工人的工資。國家高官大吏的既得權利與交際費用，和高官大吏本身一齊消滅了。公共職務再不是中央政府的工具們的私有財產了。不獨市政（的管理）落入公社手中，向來由國家運用的創制權，也落入公社的手中。

舊政府的物質因素——軍隊及警察——一經消滅，公社便積極設法去破壞精神的壓迫力，即『教士權力』。一切教會凡是擁有資產的團體，都下令予以解散，並沒收其捐款。教士被送回到隱遁生活的幽居之地，讓他們模彷他們的前輩使徒，靠善男信女的施捨爲生。整個教育設備，免費向民衆公開，同時取消了教會及國家的一切干與。這樣，不僅使教育接近一切民衆，也使科學本身，解脫了階級偏見與政府權力所加于其上的桎梏。

司法官吏的虛僞的獨立，必須加以剝奪，牠不過掩飾了他們對於此起彼仆的歷代政府的屈服；他們對每一政府宣誓效忠，同時又對每一政府背誓叛變。和其餘的公僕一樣，裁判官和推事也必須是選舉的，負責的，可以隨時撤消的。

巴黎公社當然成爲法國一切大工業中心地的模範（註一）。公社制度一經在巴黎及次要中心地建立起來，舊的中央集權的政府，即使在各省，也不得不讓渡給生產者的自治政府了。在公社（迫於鬬爭的需要沒有充分）時間來發展的全國組織的簡

（註一） 盡人皆知，各地如里昂（三月十九日——二十五日），桑·德底因（三月二十四日——二十八日），馬賽（三月二十二日——四月四日），那爾旁（三月二十四日——三十一日），德爾士（流產）等處均宣布成立公社，但均在血泊之中倒了下來，和巴黎一樣。其他如克爾佐及利摩裘發生暴動，波爾多，納佛爾，厄克斯，威爾遜，肯，養德，格爾諾布爾，伐朗斯，馬賁 特洛依，亞維紐翁，夏龍，洛揭，秦拉爾 洛迭夫，蒙德里馬爾，北米厄，特拉基仰，維因，亞瓊，夏洛列，魯映，蒙畢利厄，摩朗等地則舉行示威遊行——日譯本註。

短大綱（註一）裏，顯明地說出了卽在最不重要的鄉村小邑，公社也應變成爲（當地的）政治形式，並在農村中間，常備軍亦應由服務期限極短的民警來代替，各地的農村公社，應由中心城市中的代表會處理共同事務，而這種代表會亦應選舉代表出席在巴黎的全國代表會。各代表得隨時撤換，應受選舉人之Mandat impératif（嚴格的訓令）的束縛。其依舊留在中央政府手中的極小而又重要的職能，不應像（公社敵人）故意誤傳似的，加以廢除，而應由公社嚴格而負責的機關加以履行。公社的結構，不應該破壞，反而應該組織起民族的統一，民族統一應當成爲實際，其方法便是消滅離開民族而獨立，立於民族之上自認爲民族統一的體現者的國家政權。

（註二）這是指大部份由普魯東派的新聞記者彼爾·特尼所起草的，四月十九日的對法國人民的宣言而言。這一綱領差不多承認地方公社的絕對自治，表示出了巴黎公社怎樣善於給與自身以一種定義，這綱領至少有使馬克思在這第三章上作若干極好發揮的功績；不是在四月十九日的宣言中，而惟有在馬克思中，才探求得出公社的「祕密」——法文版註。

這種國家政權，從民族觀點看來，祇不過是一個寄生贅瘤。舊統治權的簡單的壓迫機關，應該裁撤，別方面，牠的正當的機能，應該從僭據社會優越地位的權力者之手，奪還給社會的負責機關。普通選舉權，應該爲組織在公社中的民衆所運用，不是爲的三年一次或六年一次去決定統治階級那一個份子當在議會中代表人民，這種個人投票，應該和每個雇主在他本人的事業中選擇工人及經理一樣。盡人皆知，公司和個人相同，老是在替實際事務，尋找適當的人來做，如果他們一度失敗了，那就很快的改正錯誤。另方面，再沒有比以等級的銓敍來代替普通選舉，更違背公社的精神了。

一般的說來，對於完全新的歷史創造，有某種難免的運命，牠因或者與舊的，甚至與已經消滅了的社會生活形態，有某種程度的類似點，就被人誤認爲便是這種社會生活形態的再版。因此，這一破壞近代國家政權的公社，首先就被人誤認爲祇不過是中世紀公社（地方自治團體）的復活，牠開始是這種國家政權的前導者，隨後則成爲牠的基礎的。公社的結構，被人誤認爲便是孟德斯鳩，或吉倫特黨所夢想的，即要把大民族的統一，換成爲小民族的聯邦的一種嘗試，至於這種大民族的統一，在當初縱使是由於政治的強制力所造成的，現在則已爲社會生產的有力的共同因素了。公社與國家政權的對立，誤認爲反對過度的中央集權之舊式鬭爭的誇大形式。特殊的歷史條件，也許阻止住了法國似的資產階級政體的典型底發展，也許可以像英國似的，用腐敗的教區委員會，專營私利的市議會，城市中殘忍的救貧委員會，各州實際上世襲的司法官等，以補足着中央的國家機關。公社結構，要把寄食於社會而妨害社會自由發展的寄生贅瘤——國家——所向來併吞了的一切力量，都還給社會機體，即此一端，就已能將法國的復興，向前推進了。法國的地方資產階級，認爲公社就是他們在魯易・斐利普時代所掌握的對鄉村的統治權，這權力在魯易・拿坡崙時代，被那虛幻的鄉村對城市的統治權所排擠了的。實際上，公社結構正是要使鄉村生產者受着各地方中心城市的精神領導，而且從城市工人中間獲得他們利益的自然的代表。公社的存在這一個事實，自然包括地方市政的自治在內，但這種地方自治已不再是對於那已被消滅的國家政權的一種抑制力量了。這種思想，祇會發生在俾斯麥之流——即在尚未耽於他的鐵血陰謀〔鐵血政策〕的時候，常常投稿于克拉特臘達契(註一)(伯林的Punch雜誌)雜誌，愛幹與他精神相稱的舊賣買的俾斯麥之流的頭腦之中，祇有這樣人的頭腦中，才能發生這種思想(註二)，以爲巴黎公社在渴望着成爲普魯士的市政組織，這組織只是對一七九一年舊法國市政組織的一幅諷刺畫，實際上不過是普魯士國家警察機構中簡單的輔助齒輪罷了。公社，因爲取消了兩項最大的支出——即常備軍與官僚制度——實現了每次資產階級革命

(註一) Kladderadatsch. 伯林有名的漫畫雜誌，現在——當然是在國社黨統治之下——仍活動在國際漫畫界中，『邦契』(the Punch)爲倫敦的滑稽週刊——日譯本註。

(註二) 這是指俾斯麥在當時帝國會議演說中的話，他說：『在公社之中，祇有極小的常識〔一——隆葛註。

中的口號——『廉潔政府』。公社存在的本身，就已是帝制的否定，這帝制至少在歐洲，乃是階級統治之通常的重負的與必不可缺的掩蓋物。公社對於共和國，提供了眞正的民主主義制度的基礎。但是不論廉潔政府也好，或是『眞正的共和國』也好，都不是公社的最後目的，這一切不過是公社的附帶產物而已。

對於公社所下的解釋之繁多，與公社所表顯的利益之複雜，足以表明公社完全是一種適於發展的政治形式，而從前一切政府形式總是以壓制爲能事的。公社的眞正祕訣，便在於此。牠實質上是工人階級的政府，是生產階級反對資產階級鬬爭的產物，這是最後發見的一種政治體制，在牠的下面可以完成勞働的經濟解放。

沒有最後這一個條件（工人的經濟解放），公社的結構是不可能的，是一個欺騙。生產者的政治統治，與生產者的社會奴役的存續是不能並立的。因此，公社應該成爲根絕那一種經濟基礎的工具，在這基礎上，能使階級存在，而且建立着階級的統治的。勞働的解放一旦實現，每個人都變成工人，生產勞働便不再成爲某一階級的特性了。

這是奇怪的事實。關於勞働的解放，過去六十年間雖有許多名言讜論，許多宏文鉅著，但是工人祗叫在某一地方把自己的事業拿在自己手裏，那末，包含着資本與工資奴隸的兩極的（地主現在祗是資本家的暗中的同夥而已）現代社會的代言人，馬上就用各種大言炎炎的辯解，說得資本主義社會，好似現在還保持牠的處女的純潔，牠的內在矛盾現在還沒有發展，牠的欺騙還沒有揭穿，牠的賣淫的實際還沒有暴露一樣。他們說：公社想要消滅財產所有權，這是一切文明的基礎！是的，諸位先生呀，公社是想剷除以多數人的勞働來造成少數人財富的階級的財產所有權。牠要剝奪那些剝奪者，牠要使個人的所有權獲得眞意義，所以要將現在專以奴役勞働剝削勞働爲事的生產工具，即土地與資本，變爲自由與合作勞働的工具。但這就是共產主義，『不可能的』共產主義！現在的統治階級中，能找到一些其智足以懂得現代制度不能繼續的人——這種人爲數很多——已經成爲宣傳合作生產的魯莽而大言的使徒了。如果合作生產不是欺騙和陷穽，如果聯合的合作社將用共同的計畫去調節全國的生產，使之受他們自己的統制，而消滅那資本主義生產所命定的不斷的無政府狀態，與週期的痙攣症（恐慌）——那末諸位先生呀，這不正是共產主義，是『可能的』共產主義嗎？

工人階級並不對公社期待奇蹟。他們不想用民衆命令（註一）來實行現成的烏托邦。他們知道要完成自身的解放，並且要達到現代社會自身的經濟勢力（註二）所必然趨向的，更高級的社會形式，必須經過長期鬬爭，且經過連續的歷史過程，改變環境與人類。除掉解放孕育在衰落的舊資產階級社會中的，新社會的因素以外，他們沒有什麽理想要去實現。充分自覺到自己的歷史使命，並有英勇的決心以從事與這種歷史使命符合的行動的工人階級，對於舞筆弄墨的傭僕們之卑鄙的誹謗，對於

（註一） par décret du penple.

（註二） by its own economieal agencies.

假借科學的正確的腔調，以發表其愚蠢的老調與宗派的一孔之見的，好意的資產階級清談家之教訓的惠顧，祇能付之一笑。

當巴黎公社自己掌握革命的統治權時，當普通工人開始敢於侵犯着『天賚優越者』（註一）的統治特權時，在無比的困難之下，他們謙遜地有良心而且有效率地從事工作時，如某一科學的權威者所說的，他們為這種工作，祇須取某一首都中（註二）學務委員會（註三）書記所必需的最低限度薪水的五分之一時，舊世界見到市政廳上飄拂着的勞働共和國的象徵——紅旗，却痙攣着憤怒莫名呢！

（註一）"natural superiors."

（註二）在法文版，德文版俄譯本上均說明為倫敦二字——譯者。

（註三）馬克思這裏所指的，係倫敦的學務委員會。而他所說的最高的科學權威，無疑為上述委員會的委員之一，有名的生理學家赫胥黎〔在德文版上正文中用括弧插入註解——『赫胥黎教授』——日譯本註。〕他雖抱着不可知論的意見，在這委員會中，却是投票贊成小學校中添授聖經科的——隆葛註。

這是第一次革命中，在這革命中，人們公認工人階級是具有社會創制力的唯一的階級，除掉富裕的資本家之外，巴黎大部份中產階級（註一）——商店老班，店員，商人（註二）——都公然承認的。因爲公社敏捷地解決了中產階級（註三）本身中不斷發生爭論的原因——即債務人與債權人的糾葛——而解救了他們。就是中產階級中（註四）的這部份人，當一八四八年六月幫助鎮壓了工人叛亂之後，當時的立憲會

（註一）middle-class. 法文版爲 bourgeoisio 德文版爲 mittelklasse。在此所謂『大部份中產階級，顯然是在說小資產階級，參看（註四）——日譯本註。

（註二）shop-Keepers, tradesmen, merchants. 法文版爲 le boutiquiers. les commerçants les negociants. 德文版爲 Kleinhändler; Handwerker Kaufloute ——日譯本註。

（註三）祇有此處法文版亦爲 les classes moyennes，英德版自然爲中產階級——日譯本註。

（註四）在法文版上爲 la bourgeoisie，這裏所說的『中產階級的這部份人』，如（註一）一樣，是指小資產階級而言的。馬克思所著的本書姊妹作法國的階級鬥爭，明明作小資產階級，六月事變中巴黎小資產階級的態度及此後的運命，詳該書第二章中（法文版五〇——五一頁）——日譯本註。

議，毫不客氣的立刻把他們供作債權人的犧牲。但這不是他們現在團聚在工人階級周圍的唯一動機。他們在這裏感到祇有一個選擇：是公社或是帝國（不管牠在何種名義之下再現出來）？帝國由於牠對公共財富的糜費，牠所養成的大規模的財政的詐欺，牠所支持的對於資本之人工加速度的集中，與跟着這些而起的對於他們（大部份中產階級）的掠奪，使他們在經濟上陷於毀滅了。帝國，在政治上壓迫他們，以荒淫無度的宴會激發他們道德上的嫌惡，用愚蠢的兄弟（註一）管理他們孩子的教育，以侮辱他們的服爾泰主義（註二）；帝國使他們突然陷身於戰爭之中，激起了他們法國人的民族感情，而結果則祇有一件事情才能補償戰爭所造成的一切痛苦，那

（註一）the frères Ignorantins. 照文字原意為『愚蠢的兄弟』，可譯作基督教貧民教育會會員。這種稱呼，係譏訕基督教的貧民教育者的——日譯本註。英文版在括弧中有『耶蘇會派』字樣——譯者。

（註二）Voltairianism. 指服爾泰的懷疑主義——日譯本註。

就是帝國的消滅。實際上，自高貴的邦那巴特派與資本家的放縱恣肆者（註一）退出巴黎後，眞正的中產階級秩序黨便以『共和同盟』（註二）的形態出現，在公社的旗

（註一） Bohême.

（註二） "Union Republicaine."

四月之初，在巴黎與凡爾賽之間，形成了兩個『調和派』集團。第一集團爲『國民同盟』(l'Union nationale——但全名爲 l'Union nationale des Chambres Syndicales——日譯者)，幾全由巴黎商工業的代表所組成。第二爲『巴黎權利共和同盟』(l'Union républicaine des droits de Paris——但據黎撒加列則爲 la Ligue d'Union républicaine……——日譯者)，參加的有舊共和派——所謂急進派——報紙與加入九月四日政權的共和派資產階級中的許多名人。(傑·爾夫朗塞著公社派運動研究 Etude sur le mouvement communaliste 一八七一年努夏德爾版，二三八頁)。『共和同盟』領袖中，有辭職的公社代表朗 (Ranc) 及羅阿佐·邦遜 (Loiseau-Pinson)，辭職的賽因縣選出的代表夫羅刻 (Floquet) 及愛特華·洛克萊 (Ed. Lockray)——法文版註。〔克雷孟梭也在其內——日譯本註〕。

幟之下組成隊伍，反對梯厄耳故意的誤會，而擁護了公社。這種大部份中產階級的感激之忱，是否經得起現在嚴酷的試驗，時間一定會證明出來的。

公社對農民所說的，『公社的勝利，是農民唯一的希望』，這完全是正確的。（註一）在凡爾賽偽造，而得到光榮的歐洲無聊文人的反響的各種謊話之中，最可惡的一種，是說鄉村地主代表着法國的農民階級。法國農民在一八一五年以後，必須向這班地主賠償十億法郎（參閱註釋六三），你們就可想見他們對這些人的情愛了！在法國農民的眼中，大地產的存在，就是對於一七八九年勝利品的侵害，資產階級在一八四八年，對於（農民的）小地產，就每一法郎（參閱註釋六四）徵取四十五生丁的附加稅，但在那時候，他們是藉革命的名義而這樣做的，可是現在，他們為要把償

（註一）署名『巴黎工人』的一個宣言，由公社設法散布到農村中去。這是安特列・列奧（婦人）與布諾亞・馬倫所合作的。這宣言以三個口號來結束：『給農民以土地，給工人以工具，給一切人以工作！』——法文版註。

付普魯士五十億賠款的主要負擔，轉嫁到農民身上，便以內戰反對革命。另方面，公社在最早的一張布告中，就主張祇有戰爭的眞正禍首，才應當支付這種代價。公社本該從血稅之中解救出農民，會給他們以廉潔政府，會以他們自己選出，對他們負責的薪給的公社代表，代替他們現在的吸血者——公證人，律師，執法官，及其他司法上的吸血鬼等等的。公社本該從鄉警（註一），憲兵，縣官的虐政之下，解放出農民，本該以學校教師的啓發（民智）代替了教士的愚民政策。法國農民，是善於打算的。他會想到，取消稅吏的強迫徵收對於教士的供應，而代之以教區居民宗教本能的自由捐助，這是極合理的。公社的統治——祇有這種統治——對法國農民階級提出過這樣巨大的直接利益。因爲祇有公社，才能替法國農民解決而且必須解決那些更加複雜的根本問題——卽壓在農民小塊土地上的抵押債務，逐日在小塊土

（註一）garde champêtre 這是在當地指定的一些伐林人與獵場守者，使他們行施警權，時常要他們做警務的偵探——英文本註。

地上擴大的無產階級化（註一）（農村無產階級），以及因近代農業的發達，與資本主義農業經營的競爭，而愈益急劇地強制農民脫離土地等，所以現在對於這一切的嘵嘵之辭，都已變成廢話了。

法國農民，選舉了魯易·邦那巴特爲共和國的大總統，但秩序黨却建立了帝國。法國農民在一八四九年與一八五〇年，用村長反抗政府的縣長，用學校教員反抗政府的教士，用自己反抗政府的憲兵，他們藉此開始表明了自己眞正的願望（註二）。

（註一） Prolétariat foncier.

（註二） 法國農民，因一七八九年的法國革命，獲得了土地。拿坡崙繼承了這次革命的傳統，由此法國農民視拿坡崙一世如神。拿坡崙軍事成功的秘密便在這裏。魯易·邦那巴特利用農民的這種幻影，得到他們的擁護（一八四八年十二月十日的農民暴動）做了大總統（十二月二十日），但在他就任後的第七天，宣布恢復鹽稅，一八四九年十二月二十日恢復酒稅，而沽怨於農民。法國農民的政治意見，因此左傾，發生了各種事端。四九年十二月二十日，反動中心牙爾縣的選舉『赤色』議員，是其最著者。邦那巴特的反農民政策也在這裏露骨地表顯出來了（一八五〇年一——二月），制定了反對農民的法律——日譯本註。

秩序黨在一八五〇年一月及二月所造成的一切法律，對於農民是一種顯然的壓迫手段。農民變成了邦那巴特派。因爲大革命及其賦與農民的一切利益，在農民的眼中，都在拿坡崙身上具體化了。這種幻想，在第二帝國之下很快消滅了的（但從第二帝國的本質上說來，牠與鄉村地主也是對立的）這種幻想，這種過去的成見，怎樣能敵得住公社對於農民階級切身利益與緊迫需要的陳訴呢？

鄉村地主知道——這是眞正的他們的主要危懼所在——公社的巴黎，與各省之間三個月的自由交通，會引起農民普遍的暴動，正是這一點，使他們焦急地要在巴黎的周圍，築上一道警察的封鎖線，以防止牛疫的蔓延。

如果公社是法國社會一切健全份子的眞正代表人，因而是眞正的人民政府，那麽同時是工人的政府，是勞働解放的大膽的鬥士，是完全國際的。在合併法國兩省（註一）土地於德國的普魯士軍隊的面前，公社却合併全世界的工人羣衆於法國了。

（註一）無須說，這是指亞爾薩斯·洛林二省而言的——日譯本註。

第二帝國，是世界欺詐的慶祝日，一切國家的騙子，均為了想在這一盛宴中分得一杯羹與參與對法國人民的掠奪，互相呼嘯而至。甚至到現在，梯厄耳的右手還是值得唾棄的瓦拉却（註一）人迦納斯哥，他的左手是俄羅斯的奸細馬爾可夫斯基。公社讓一切外國人來得到為不朽事業而死的榮譽。資產階級則在因自己的叛變而敗北的對外戰爭，與因外國的侵略者和自己的陰謀所造成的國內戰爭之間，獲得時間來發揮他們的愛國心，——組織偵探隊來對付僑居法國的德國人。公社則任一個德國工人（註二）為勞工部長。梯厄耳，資產階級，第二帝國，則以大聲的同情，

（註一）瓦拉却為羅馬尼亞的一部。

（註二）服餙工人列昂·夫倫凱爾（Léo Fränkel）不是生於德國，而是生於匈牙利的布達佩斯的（法文版註）　英文版註祇為『奧大利人列昂·夫倫凱爾』。他是工人國際會員，由第十三區選舉為公社代表，以外人代表資格活動的。他的職位英文原版為Minister of Labour,德文版為Arbeitsminister法文版為 ministre du travail。實際上照資產階級式的說來，則與大臣相當。當時的眞正稱呼，則為『勞働委員』（délégué au travail）

——日譯本註

不斷欺騙着波蘭，一方面，實際上叛賣波蘭給俄國，參與俄國卑污的工作。公社則給與波蘭英雄之士(註一)以領導保衛巴黎者的榮譽。公社且爲明白劃分自己正在創始的事業，與自覺的歷史的新紀元，一方面，在勝利的普魯士軍隊的眼前，別方面，在邦那巴特派的將軍們所指揮的該派軍隊的眼前，摧毀了軍事光榮的偉大象徵——望特姆的戰勝紀念柱。

(註一) 爲頓布洛夫斯基兄弟 (Jaroslaw et Ladislas Dombrowski) 與夫洛布列夫斯基 (Boleslas Wroblewski)。頓布洛夫斯基(兄)一八三八年生於季特米爾，因參加波蘭的叛亂運動，爲沙皇的裁判所判決十五年徒刑。加里波的亦承認他爲軍事專家。他對於保衛巴黎雖有極大貢獻，但不幸受人反間。他爲湔雪這一懷疑、且不忍親見公社的覆滅，五月二十三日親臨前敵，飲彈而死。二十四日在貝爾·拉雪士舉行葬儀，據黎撒加列（三三八——九頁）所述的那種悲壯的情景，使人一讀一淚。他的弟弟亦爲公社軍隊的軍官。夫洛布列夫斯基與頓布洛夫斯基(兄)均爲公社中唯一優秀的軍事專家。他是一八六三年波蘭叛亂指導者之一，率公社的青年軍奮力作戰，後爲凡爾賽的軍法會議判處死刑——日譯本註。

公社偉大的社會政策（註一），在乎牠本身的存在，牠的工作。牠的特殊政策，祇不過表示出了人民自己造成的人民政府的傾向。這種政策，廢除了麵包工人的夜工，禁止了藉各種口實處罰工人以減低工資的雇主的習慣（達者處罰）——這種習慣使雇主一身兼備立法者，裁判官及執行者的三重作用，此外再加上榨取金錢的過程。屬于這類的還有一種政策，即一切關閉的作場及工廠，不問資本家逃走的，或是休業的，在保留賠償之下，都分給工人團體（使用）。

公社的財政政策——牠們是非常聰明與穩健的——祇限于適應受包圍的城市的狀態。例如在奥斯曼（註二）的保護之下，大金融公司及包工作頭對巴黎施行這樣巨

（註一） social measure.德文版亦爲『社會政策』(soziale massregel)，法文版爲『社會主義的行爲』(acte socialiste)——日譯本註。

（註二） Haussemann (Eugène-Georges) 第二帝國時，任賽因縣縣長，在改進巴黎市政上與有其力，他將街道放直放寬 使巷戰時的障礙物易被砲火轟毀——英文本註。

大的刼掠，所以公社來沒收他們的財產，比路易·拿坡崙的沒收與爾良家（註一）「的財產」要具有無比大的權利吧！霍亭索倫與英國的寡頭政治家，他們財產的極大部份，雖是由掠奪教會而得，但他們見到了公社將教產充公而得的僅有的八千法郎，卻還是受了極大的刺激的。

凡爾賽政府一恢復若干的精神與力氣，便迅速的以極暴力的手段來反對公社，該政府並禁止整個法國自由表示意見，甚至禁止各大城市代表的集會，該政府將凡爾賽及其餘的法國各地放在遠比第二帝國還更嚴密的偵探制度之下，該政府將巴黎印刷的一切報章叫憲兵檢查員予以燒燬，將與巴黎往來的一切通信加以檢查；在國民會議席上，要是有一句最怯弱的「袒護」巴黎的話，便用一八一六年『無雙議會』中尚未前見的方式拚命把牠喝止。在這種形勢之下，巴黎之外有凡爾賽的野蠻的戰爭行爲，在巴黎之內，有凡爾賽派的收買與陰謀的企圖——如果公社完全像在和平時

（註二） 即指晉易·拿坡崙的前朝晉易·斐利普一家——日譯本註。

代似的，處處保持一切禮節與自由主義的外表，這不是可恥地叛賣了這種付託麼？如果公社的政府，與梯厄耳的政府是二而一的，則將如在凡爾賽沒有理由禁止公社派的報章一樣，在巴黎亦將沒有理由禁止秩序黨（註一）的報章了。

實際，正當鄉村地主們宣言皈依教會為援救法國的唯一手段時，無神論的公社之揭發畢克比斯修道院與聖・洛郎教堂的奇怪的祕密，這是大使他們惱羞成怒的。正當梯厄耳先生為感激邦那巴特的將軍們在威爾黑姆高原之善打敗仗，善簽投降條約，與善捲烟卷，而雨也似的頒發給他們以大十字勳章的時候，公社却對于這些將軍們，一懷疑到他們的怠于職守，便立予免職或逮捕（的處分），這是對于梯厄耳的一個諷刺。公社對于更名換姓潛入巴黎，曾因破產而在里昂受六天監禁的一個代

（註一）七九年花月二十八日（一八七一年五月十七日）公社以公安委員會的命令，禁止下述各報出版：公社報，巴黎回聲報，法蘭獨立報，國家前途報，祖國報，海盜報，共和報，世界雜誌，保皇黨回聲報，正義報等——日譯本註。

表，予以開除並加逮捕時，這是擲向那個僞造犯裘爾·法維爾——卽當時尙依然爲法國的外交大臣，依然出賣法國給俾斯麥，依然向比利時的模範政府口授命令的那個裘爾·法維爾以故意的侮辱。但實際上公社沒有帶上一切舊式政府永遠具有的性質——『絕對正確』的外表。公社公開牠的一切言論行動，讓羣衆知道牠的缺點所在。

在每種革命中，總有別種人物傍着眞正革命的代理人而出現，其中有的人是過去革命的殘餘份子與熱心參加者，對于現在的運動缺乏了解，但爲了他們著名的誠實與勇氣，或單單爲了傳統的力量，對民衆有很大的影響。還有一些人，則簡單是呼號叫喊之徒，長年反復着同一的話語，以反抗當時的政府，遂得混入大革命家的盛名之列。在三月十八日之後，仍有許多這樣的人出現，他們在某種場合，還想擔負極重要的任務。在他們力量所及之處，他們之妨礙工人階級眞正的行動，正和前此這一類人妨礙一切革命的充分發展一樣。他們是一種不可避免的禍害。他們會跟着時間一同排去，但公社卻還沒有足夠的時間來排去他們。

公社在巴黎所造就的變化，確實可驚！第二帝國娼妓型的巴黎，已經是蹤影全無了。巴黎已不是英國的地主，愛爾蘭的在外地主，美國的原來的奴隸主人或暴發戶，俄國的前農奴主人，瓦拉却的貴族等的聚會之地了。領屍所（註一）裏已沒有屍首，沒有夜行盜賊，沒有一切巧取豪奪的事了。眞正的，自從一八四八年二月事變以來，巴黎的街道現在才算第一次安全的了，但那是沒有任何種類的警察的。一個公社代表說：『我們已聽不到暗殺，竊盜，個人暴行等話了，眞的，警察似乎把他一切保守的朋友，帶到凡爾賽去了。』蕩婦們都追蹤着他們的保護人——即家族，宗教，特別是財產的逃亡者——而走了。眞正的巴黎女人代她們而起——像古代的婦人一般，英勇，崇高，有犧牲精神。工作着，思索着，戰鬬着，流着血的巴黎，爲要孕育新的社會，幾乎忘記了站在門前的吃人鬼，只一味沉浸在歷史創造的熱

（註一）the Morgue. 巴黎路倒屍的收殮所——日譯者註。

忱裏。

與巴黎的新世界相反，看一看凡爾賽的舊世界吧，看一看那渴望吞食人民屍骸的，一切過去制度的掘墳食屍者——正統王朝派與奧爾良派所召集的議會吧，他們拖着大洪水前的共和主義者的尾巴，出席議會，批准了奴隸主人的叛變，他們想靠共和國首領那個老朽的牛皮大家的虛榮心，去維持他們的議會共和政治，且在網球場（註一）裏召開他們幽魂似的會議，漫畫化了一七八九年的「法國革命」。這議會是法國一切死亡了的事物的代表，所以還能保持住牠的活着的外表的，祇是靠着邦那巴特將軍們的刀劍。巴黎是一切的眞實，凡爾賽是一切的謊騙，而這種謊騙，是經過梯厄耳的嘴吧說出來的。

梯厄耳告訴賽因與奧阿士區的區長代表團說：『您們祇要信賴我的話就得了，

（註一）Jeu de Paume 在德文版上附有一行夾註：『一七八九年的國民會議通過有名決議的網球場』。（參閱註釋六七）——譯者註。

我從來不曾做過言行相違的事呢！』他告訴議會道：『這是法國從來不曾有過的，最自由地選舉出來的，最自由的議會。』他告訴烏合的士兵道：『這是舉世驚嘆的法國從來不曾有過的最好的軍隊。』他告訴各地，他的轟擊巴黎，是一件荒唐無稽的謠言。『如果有許多砲彈發射出去了，這不是凡爾賽軍隊所做的，而是不敢出頭露面，却又在叫人自信他們是在戰爭的許多叛徒所做的。』他又告訴各省（註一）說：『凡爾賽的砲兵，沒有砲轟巴黎，祇是向牠開砲罷了。』他告訴巴黎的大主教說：凡爾賽軍隊所幹的處死與復仇的行爲，一切都是不眞不實的。他告訴巴黎：他祇焦心

（註一）五月八日，凡爾賽軍的大砲彈打中巴黎市內。此次凡爾賽軍的砲轟巴黎，使巴黎市民興奮到極點。凡爾賽派的特洛許，裘爾·法維爾，裘爾·傅利等曾稱砲轟巴黎爲『近代史回憶中的最大汚辱』。梯厄耳本人，如前所述，當一八四〇年十二月審查巴黎要塞法案的時候，是並沒有想到砲轟巴黎這種事的。他當砲轟巴黎之際，要求巴黎市民的內應說：『巴黎市民啊，政府並沒有像公社所說似的轟擊巴黎，政府祇不過開砲吧了』(le Gouvernement ne bombardera pas Paris....Il tirera le canon......) ——日譯本註。

苦慮的『要把巴黎從壓迫之下解放出來』，巴黎的公社，眞正不過是『一羣罪犯』。

梯厄耳先生的巴黎，不是『卑賤大衆』的眞實的巴黎，而是幽靈的巴黎，騙子的（註一）巴黎，男女在植樹街道上散步的巴黎，是富饒的，資本家的，豪華的，懶惰的巴黎——現在牠那些走狗們，騙子們，流氓文學家和蕩婦們，連蹁的擁到凡爾賽，聖・特尼，柳厄育，聖・日耳曼等處去了，他們看得內戰是愉快的娛樂，戴上望遠鏡瞭望着戰爭的進行，一下一下數着大砲的轟聲，他們以自己的名譽，與娼妓的名譽發誓，說這種演出比起波爾多，聖，馬爾日劇場中已經熟悉的要好得多呢！在那裏倒了的，眞正的死了，負傷者的叫喊，是眞正的叫喊，而此外，整個的事實，是這樣有力的一齣歷史性的戲劇。

（註一）"francs-fileurs"直譯爲『忠實的騙子』，這是對於另兩個法文字"francs-tireurs"的文字遊戲，francs-tireurs 乃是法軍在色當失敗之後，想阻止德軍的前進的一種義勇的非正規的步兵，進行游擊戰——英文版註。

這正是梯厄耳先生的巴黎——恰如哥布倫茨的亡命地之爲特·柯隆先生的法蘭西一樣（註一）。

四（註二）

奴隸主人們陰謀的第一個企圖，是讓普魯士軍隊占領巴黎以打倒巴黎，這企圖

（註一）de colonne (Charles-Alexandre, 1734-1802) 爲死於杜厄的有名的法國財政大臣。他的名字假借用之，便是赤字先生 (M. Déficit)。他的財政政策，與貴族·教士是不相容的，一七八七年遭受失敗，亡命倫敦。革命之際，法國貴族多數跟隨路易十六的第二個兄弟亞爾多(Comte d' Artois 後爲查理第十)逃往德國的哥布倫茨 (Coblenz)，在那裏建立了『正統法國政府』。柯隆也到了哥布倫茨 得到亞爾多的信任，統治了一般亡命客。一七九二年，普奧聯軍由哥布倫茨侵入法國，哥布倫茨的亡命客以孔特大公爲中心，組織軍隊反對法國。柯隆爲謀主，後於一八〇二年得拿坡崙的允准回國，同年死。如以當時的法國革命軍比公社，則柯隆正起了目前梯厄耳的作用——日譯本註。

（註二）法文版在這一章上加有標題——『鎮壓』(La Rèpression.)——日譯本註。

爲俾斯麥所拒絕，而遭到了挫折。第二個企圖，即三月十八日的企圖，以軍隊的潰退與政府逃往凡爾賽爲終結，政府命令解散一切行政機關，隨同出走。梯厄耳在表面上和巴黎保持着和平談判，以取得時間從事準備對巴黎的戰爭。但從什麽地方獲得軍隊呢？正式軍隊的殘餘份子，人數既少，性質又不可靠。他對各地告急，想以國防軍與義勇軍出援凡爾賽，又遭到了無情的拒絕。祗有布列泰紐遣送少數的修昂兵（註一）到來，他們在白旗（註二）之下作戰，每人胸上縫着一方畫有耶穌心臟的白布，嘴上喊着『國王萬歲』。梯厄耳迫不得已，急急收羅起一批水手，海兵，法王的士亞（註三）兵，伐倫廷的憲兵，以及彼得里的巡丁和偵探等烏合之衆，編成一枝

（註一）Chouans. 爲第一共和政府時代，布列泰紐，諾爾曼底，汪德等王黨的叛兵之稱。這名稱的起原，有謂由馬也因的叛將約翰·哥德洛，俗呼約翰·修昂的而來 有謂由於近似他們同義語的梟的呼聲而來。現在普通作稱呼西部地方的王黨之用——日譯本註。

（註二）白旗爲布爾旁王朝的旗幟——日譯本註。

軍隊。這枝軍隊，如果沒有俾斯麥為要促成〔兩軍〕內戰，並使凡爾賽政府卑順地依賴普魯士而放出足夠的帝制派的俘虜（註四）參與在內，便只能盡其滑稽的作用了。甚至在戰爭正酣時，凡爾賽的警察，不得不監視凡爾賽的軍隊，而憲兵們也不得不帶領着他們，跑上一切危險的地點。陷落的要塞，不是被占領的，而是被收買的。聯盟軍（註五）的英勇行動，使梯厄耳懂得了巴黎的抵抗，決不是由他的戰術天才，與手中的刀劍所能打破的了。

這時候，梯厄耳和各省的關係，越來越困難了，絕沒有一封贊成的請願書，可

（註三） Zouaves，是一種由北非洲隩爾人組織而成的輕步兵軍團。當一八四九年至七〇年德軍占領羅馬時，曾派一旅歸教皇調遣，故又稱為『教皇的士亞兵』。——英文本註。

（註四） instalments 凡爾賽軍自三月十八日至四月二日，向俾斯麥要求的結果，得釋還俘虜自四萬增至八萬，八萬增至十萬——日譯本註。

（註五） 如前所述，為巴黎國防軍共和聯盟的軍隊，即公社軍——日譯本註。

使梯厄耳和鄉村地主色然而喜的。事實正相反。由各省派來的代表團與雪片似飛來的請願書，都用一種對巴黎尊敬與妥協的語調，站在明確地承認共和國的基礎上，要求承認公社的自由權，解散那任期已滿的國民會議的代表團與請願書爲數之多，致使梯厄耳的司法大臣杜福爾在致推事官的通牒中，命令凡有『提議妥協』者一律作犯罪看待。但梯厄耳鑒于這種戰爭的暗澹的前進，決心變更戰術了。他命令全國，以他指使國民會議「通過」的新市政法爲根據，于四月三十日舉行各地市政所的選舉。他確信藉縣長的陰謀，或藉警察的脅迫，能由各地的決議，使國民會議獲得前所未有的精神力量，而且能從各地獲得征服巴黎所必需的物質力量。

梯厄耳在他的通告彙編中加以贊揚的他那攻擊巴黎的土匪戰爭，以及將在全法國建立恐怖統治的他的閣員們的企圖，一開始就苦心焦慮着，要同時串演一折小小的妥協喜劇，這一喜劇是可以幫助達到好幾個目的的。牠既可欺騙各省，又可誆賺巴黎的中產階級（註一）份子，特別可以給國民會議中自命爲共和派的人以一個機會，使他們好把自已對巴黎的叛逆行爲，隱藏在他們對梯厄耳効忠這一掩護的後面。當三月二十一日，他還沒有軍隊的時候，對議會宣言說：『不論發生什麼事情，我決不向巴黎調將遣兵。』三月二十七日，他又起來說——『我承認共和國爲旣成事實，我決心擁護牠。』但實際上，他在里昂及馬賽用共和國的名義鎮壓革命，另方面，在凡爾賽，則每次提及共和國的名字，就爲鄉村地主們的咆哮聲所掩沒。在這種偉業以後，他把『旣成事實』說成爲『假定事實』了。他小心警告，叫他們退出了波爾多的奧爾良家的親王們，現在卻允許〔他們〕在特婁（註二）進行陰謀，明顯地違犯着法律。梯厄耳在與巴黎及各省的代表不斷的會見中所提出的讓步，雖是隨時隨地變換

（註一） the middle-class element. 法文版上爲『巴黎的小資產階級』（la petite bourgeoisie parisienne）。實際上，如已經說過的 從四月四日那時起，在巴黎的小資產階級中間，是曾經進行了與凡爾賽的妥協運動的——日譯本註。

（註二） Dreux. 巴黎的西南方，芙爾·厄·奧阿士縣中的一市——日譯本註。

看語調與顏色的，但事實上是歸結到這樣的一個結論：將來祇對少數與『勒康特並克列孟・多瑪暗殺案有關的犯人們』復仇爲限，當然這一限制，是要在極易了解的前提之下的——即巴黎與法國必須承認梯厄耳本人的〔共和國〕，是世界上可能有的最善的共和國，這猶之乎在一八三〇年，梯厄耳承認路易・斐利普的共和國是最好的一樣。甚至這種讓步，他不僅注意到因他的閣員們在議會中所加的正式解釋而使其曖昧，他還有杜福爾似的配角。年老的奥爾良派的律師杜福爾，永遠是一個宣佈封鎖狀態後的最高法官，現在在一八七一年的梯厄耳之下如此，即在一八三九年的魯易・斐利普之下，並一八四九年在魯易・邦那巴特做大總統的時候也是如此。他一離開這種職務，便靠替巴黎的資本家做律師積聚財產（註一），又靠反對本人造成的法律而積聚政治資本。現在，他不僅在趕緊叫國民會議通過一些高壓的法律，讓巴黎陷落後，可以剷除法國共和自由的最後殘餘，他又在使他所認爲過于迂緩的軍

（註一）法文版爲『巴黎資本家的律師，帝國末期，因辯護一件大案子而發了財的』——日譯本註。

法裁判的手續簡單化，並用新式的特拉哥型（註一）的放逐法，以預示巴黎的運命。一八四八年的革命，廢除了對于政治犯的死刑，而代之以流刑。即使路易．邦那巴特——至少在理論上——也不敢使斷頭台制度復活的。鄉村地主會議，還沒有膽量甚至去暗示出巴黎人民不是叛變者而是暗殺者，所以對于巴黎將來的復仇，也不得不限制在杜福爾的新流刑法之內。在一切這樣的形勢之下，如果妥協的喜劇，如他所企圖的，沒有引起鄉村地主們忿怒的呼喊（這種反芻動物的智慧，是不會懂得在戲劇中的僞善，矇騙與拖延政策的必要的），他的妥協的喜劇也就會演不下去了。

未來的四月三十日的市政選舉快逼近眼前，梯厄耳在四月二十七日，上演了一幕妥協劇的大場面。在感傷的漂亮言辭的流瀉當中，他從議會的講壇上叫道：『在迫使我們流法國人的血的巴黎以外，並沒有反對共和制度的另外的陰謀存在。我可

（註一）Draconic code. Draco爲希臘的執政官兼立法者。他所起草的法律十分苛酷，這種法律被人稱爲用血寫成的。因而『特拉哥的』一語，便成爲苛酷的代名詞——日譯本註。

以再三的說這句話。放下兇惡的武器吧！除掉少數者外，討伐立刻可由和約（註一）來停止的。』對于鄉村地主猛烈的反對，他這樣回答：『諸位，請聽我說，我錯了嗎？諸位對于我所說的，犯罪者祇限于少數人的這句眞實的話，眞是覺得遺憾嗎？流克列孟·多瑪和勒康特將軍的血的人，祇不過是稀有的例外，這豈非對于我們是不幸中的大幸嗎？』

但是法國並沒有傾聽梯厄耳的言語，這是他自以爲是議會的西棱（註二）之歌的。從法國殘存的三五·〇〇〇個地方自治團體中選舉出來的，七〇〇，〇〇〇名市政所的議員中，即使正統王朝派，奧爾良派及邦那巴特派聯合起來也並沒有占到

（註一） an act of peace（Friedensakt）法文版上爲『大赦令』(un acte de clémence)。似乎這裏的正確——日譯本註。

（註二） 西棱爲出自希臘神話的，半人半鳥或半魚的女妖名字。住於卡普利島並意大利海岸。據傳說善以她美妙的歌聲誘惑船員，使船覆沒。因而轉爲誘惑的意義。神話上說的，是誘惑了幼利栖士，殘害了他投之於海的故事——日譯本註。

八・〇〇〇名。以後的補選，充滿着更決絕的敵意。這樣一來，國民會議不惟沒有從各省獲得極必需的物質力量，卽連牠最後的精神力量的請求權——卽牠是全國普選的表示這一個事實——也失掉了。爲使這種失敗成爲澈底的失敗，法國一切城市新選舉出來的市政所，在波爾多〔成立〕了對抗的議會，公然威脅着凡爾賽的篡竊議會。

這時候，在俾斯麥看來，那個期望已久的，決定的行動時機，業已到來了。他不容分說地通告梯厄耳，要他立卽派全權大使到福郎克佛去，以便簽定最後的和約・卑屈地順從着他主人的命令，梯厄耳便急急派遣他所信任的裘爾・法維爾，且以普也・刻爾底厄爲輔。普也・刻爾底厄是『有名的』盧昂的紡織業家，第二帝國的熱心底——不，卑屈底擁護者，除掉牠與英國簽訂有害於他本身的工場利益的通商條約這件事以外，他從來找不到第二帝國有什麼缺點。梯厄耳還在波爾多的時候，剛任命他做財政大臣，他就攻擊着這『不神聖』的條約，暗示出在最近的將來要廢除牠，他甚至恬不知恥的企圖，雖然是徒勞（因爲俾斯麥的事情沒有計算在內），立郎復活舊的保護關稅來反對亞爾薩斯，據他所說，對於亞爾薩斯向來就沒有什麽國際條約妨礙（法國復活這種稅律）。這個人，他把反革命當作爲減低盧昂的工資的一個手段，並以法國各省的屈服，作爲抬高他在整個法國的商品價格的手段，這樣的一個人，不是預先命定着要被梯厄耳所拾取，使他在自己最後一次與完成的叛逆行爲中，充當裘爾·法維爾的助手嗎？

這一對絕妙的全權大使，一到福郎克佛，強橫的俾斯麥立刻向他們命令地提出兩個問題，使之任擇其一，這便是恢復帝國呢？還是無條件的接受他的議和條件？在這類條件之中，包括縮短軍事賠款的支付期限，普魯士軍隊繼續占領巴黎要塞，直到俾斯麥對于法國的情形感到滿意爲止。這樣，普魯士就被承認爲法國內政的最高決定者了。爲此，他提議釋放被俘虜的邦那巴特派的兵士去殲滅巴黎，且允許他們以威廉皇帝軍隊的直接援助。爲要保證他的誠意起見，他以巴黎的綏靖，作爲第一次支付賠款的條件。這樣的香餌，自然是爲梯厄耳及他的全權大使們所極想吞嚥的。他們于五月十日在和平條約上簽了字，十八日，由凡爾賽議會與以批准。

在和平條約的締結，與邦那巴特派俘虜的開到之間，梯厄耳感覺到更有導演這幕妥協喜劇的必要，因爲他的共和派的工具們，對於那巴黎屠殺的準備，極需要一種藉口，以便假裝不見，直到五月十八日，他還答覆中產階級（註一）妥協論者的代表委員說：『如果叛徒決定投降，巴黎的城門將爲一切人開放一星期，除掉暗殺克列孟，多瑪及勒康特兩位將軍的人們以外。』

幾天之後，鄉村地主們嚴厲詰問他對于這種允許的時候，他拒絕作任何答覆，說雖如此，他沒有忘記給與他們以下列富有意義的暗示：『我要說，你們中間的人太缺少耐心，有的人太性急了。他們還必須等待一星期，這在一星期之後，便將沒有危險了，這樣，工作便會和他們的勇氣與能力配合起來了。』當馬克，馬昂對他

（註一）法文版爲『資產階級』，但這裏係指共和派小資產階級上層份子的妥協運動者，這已多次說過了——日譯本註。

保證，他不久便能進入巴黎之後，梯厄耳馬上對議會宣言說：『我要手秉法律進巴黎，要求那些犧牲我們兵士的生命，破壞我們公共紀念碑的惡棍們，完全贖罪。』當臨近決定的瞬間時，他向議會說：『我將殘酷的』對付巴黎，巴黎已宣告了死刑；而對邦那巴特派的匪徒們則說：他們得到國家的特許，可以從心所欲的向巴黎復仇。最後在五月二十一日，叛逆給杜厄將軍（註一）開開了巴黎的城門，梯厄耳便于二十二日，向鄉村地主們戳穿了他們所難以懂得的，他的妥協喜劇的『目標』。『我在幾天之前，告訴過你們，我們逐漸走近我們的目標了。今天，我得告訴你們，這個目標已經達到了。秩序，正義和文明的勝利，已經獲得了！』

完全如此！資產階級秩序的文明與正義，當這種秩序的奴隸與苦役起來反抗他們的主人時，總是在慘淡的光景中露出牠的（可怕）面目。那時候，這種文明與正

（註一）英文版德文版爲Douai，法文版爲Douay，後者是正確的。這是法國名將Albel Douay之弟，同生於布尙遜的Felix Douay（1816-1879）——日譯本註。

義，顯出牠是赤裸裸的野蠻與絕無法紀的復仇了。在財產占有者與生產者之間的階級鬪爭的每一新危機中，更明顯地表露出了這種事實。甚至一八四八年六月中資產階級的殘虐行爲，在一八七一年的無可形容的無恥行爲之前，也爲之退避三舍。巴黎的人民，不論男的女的，或是孩子，當凡爾賽軍隊入城以後，在八天的鬪爭當中，所表示出的自我犧牲的英雄行爲，是反映出他們事業的偉大的，正如〔正規軍〕士兵的惡魔行爲，反映出雇傭他們來擁護的那種文明之固有精神一樣。眞是光榮的文明！牠的大問題，是在戰爭終了以後，怎樣去收拾牠所造成的堆積如山的屍首！

要找尋和梯厄耳及其爪牙們的行爲相匹敵的例子，我們必須回溯到索拉（註一）和羅馬兩個三頭政治（註二）的時代。牠們都同樣冷酷地屠殺羣衆，同樣不分年齡與性別的加以殘殺，同樣拷問俘虜，同樣剝奪人權——但這次是對于整個階級的，

（註一）Sulla（BC 136-78）．爲古代羅馬的獨裁官，紀元前八八年爲執政官，不久掌握羅馬及意大利的最高權力，直維持到他死的一年之前——紀元前七九年——日譯本註。

一人不滿的對于潛伏的指導者的野蠻底狩獵，同樣的對于政治的及私人的仇敵的告密，同樣的對于毫無瓜葛的人們之屠殺無所容心。但這裏有下面那種差別——卽羅馬人要一舉殺死那些被剝奪人權的人們，並沒有機關鎗，此外他們並沒有『法律在手』，嘴上也沒有『文明』的好聽名辭。

看過了這些恐怖事件之後，再看一看資產階級文明的另一方面，那更可厭惡的另一方面吧，這是資產階級自己的報紙描寫出來的！

倫敦保守黨報紙的巴黎通信員說：『當流彈的聲音還在遠處響着，無人看護的可憐的負傷者，在貝爾·拉雪士的墓碑中間，瀕於死亡——爲恐怖所脅的六千叛徒，在絕望的苦悶之中，徬徨於墳場，無所適從。在街上，趕打着許多可憐的人們，

（註二） the two Triumvirates of Rome. 這是指紀元前六〇年旁貝烏斯·西塞，克拉西烏斯的三頭政治，與四三年的安東紐斯，與克泰維亞努斯，列比杜斯的三頭政治而言——日譯本註。

他們幾十個一串地，受機關鎗的鎗殺時候。見到咖啡店中擁擠着喝苦艾酒，打彈子，玩骨牌的人們，街道花園裏徘徊着的淫蕩的婦女，再聽到由上等餐館的特別室裏發出來衝破夜之〔寂靜〕的宴會的騷鬧聲，眞覺得胸頭爲之作惡。』愛德華爾·厄爾佛在巴黎雜誌（這是被公社查禁的一種凡爾賽派的雜誌）上寫道：『巴黎居民（一）昨天表示滿足的方法，是甚於輕佻的，我們擔心，這種情形將越過越壞。巴黎，現在完全變成節日一樣鬧熱了，而這是不合宜的；如果我們不願被稱爲頹廢的巴黎人，則這種狀況不得不予以終結。』接着，他引用塔西圖斯下列的句子：『但在這種可怕的鬬爭的第二天，不，甚至在這種鬬爭沒有完全終結之前，墮落腐敗的羅馬，就又沉溺於荒淫的腐爛生活中，在破壞其肉體，汚辱其靈魂了——alibi proelia et vulnera, alibi balnea popinoeque.（在這裏是戰鬬與創傷，在那裏是浴場與酒店）。』祗是厄爾佛先生忘記說：他的所謂『巴黎居民』，〔實際是〕梯厄耳先生的巴黎居民——即是從凡爾賽，聖·特尼，柳厄育及聖·日耳曼成羣歸來的義勇逃亡者

——祇不過是那『頹廢』的巴黎罷了。

那種以勞働的奴役爲基礎的兇殘的文明，在每次對那些爲新的，更好的社會而自我犧牲底戰士得到血腥的勝利之時，總拿汙衊與中傷的呼喊，掩沒住犧牲者的悲嘆，而這種呼喊則在全世界起着回聲。平和的工人的公社底巴黎，突然爲『秩序』的瘋狗們化成了地獄。而這種可怕的變化，對於全世界資產階級的心境，證明了什麼呢？自然祇證明公社對文明有所陰謀！巴黎人民爲公社而熱烈赴死，其數之多，非任何歷史上有名的戰爭所可比擬。這證明什麼呢？自然，祇證明公社不是人民自己的政府，而是一羣罪犯的篡竊！巴黎的女人，在要塞在刑場欣然犧牲了她們的生命，這又是證明了什麼呢？自然，這祇證明公社的惡魔使她們轉變成爲梅格拉斯和黑刻德（註一）了！在完全統治的兩月中，公社的温和措置祇能與這種保衞的英勇行爲相媲美，這證明了什麼？自然，這祇證明幾個月中，公社在温和與人道的假面具

（註一）Megaeras and Hecates. 均爲希臘神話中的女妖——日譯本註。

下面，謹愼小心地隱蔽住了那種惡魔的渴血本能，以便在痛苦的時代來發揮而已！

工人的巴黎，在牠英勇的獻身行爲中，把建築與紀念碑都投到了火裏。一方面雖然把無產階級活的肉體，撕成了片片，統治者却也休想意氣揚揚地重返他的美奐美輪的故居了。凡爾賽政府叫道：『放火』！並將這個暗示，偷偷告訴那些直至最遠的鄉村角落上的，他們所有的爪牙們，要他們到處把敵人當做專門放火家的嫌疑犯來加以逮捕。滿足地瞻望着戰後大屠殺的全世界資產階級，一看到磚瓦石灰之冒瀆神聖〔房屋的燃燒〕，也恐怖地戰慄起來了。

各國政府給予海軍以『放火！殺人！破壞！』的特許權（註一）的時候，這是放火的特許嗎？英國軍隊肆無忌憚地放火焚燒華盛頓的國會議室，和中國皇帝的避暑宮殿（卽圓明園——譯者）時，這算得是放火嗎？普魯士軍隊非由軍事需要，而爲報

（註一） state-licences，法文版爲 par lettres de marque ou de représailles（復仇許可證）——日譯本註。

復私怨，用火油灌燒夏多壇和許多鄉村時，這算得放火嗎（註一）？梯厄耳藉口於祗須有人居住的房子便須火燒而在六星期中砲轟巴黎時，這算得是放火嗎？在戰爭中，放火與別的事物一樣，都是正當的武器。爲敵人占據的各種建築，要燒掉牠時便用礮轟，如果防守的軍隊必須退却，那麽他們爲免得這種建築物給進攻的軍隊所利用，便自行放火。火燒，這常常是位置在世界一切正式軍隊戰線上的建築物所不可避免的運命！但這在歷史唯一正當的戰爭，奴隸對於奴隸主人的戰爭中，決不能應用這種〔武器〕的！公社，祗是嚴格地用火作防禦手段，他們爲了要阻住凡爾賽軍隊的前進，才放火燒掉那條長而直的街道，這是奧斯曼特意造成，以便炮火轟擊的。他們之用火以掩護他們之退却，正和凡爾賽軍隊用炮彈開道前進一樣。凡爾賽

（註一）這句不便於普魯士的話 在德文版上是删除的，大約爲了要通過檢閱的緣故。夏多壇（C-hâteaudun）爲巴黎西南維爾·厄·羅亞爾縣的市鎮。一八七〇年十月十八日受普魯士軍的攻擊，雖經該市居民英勇的防禦，終於無效，而完全被燬——日譯本註。

軍隊的砲彈，與公社放火，至少破壞了同樣多的建築物。但什麼建築物爲防守軍隊所放火燒掉的，什麼建築物爲進攻軍隊所放火燒掉的，這到現在還是各執一辭的問題。祗當凡爾賽軍隊開始大批屠殺俘虜的時候，防守軍隊才用放火作手段。此外，公社在好久以前，早就公開通告：如果他們被迫至最後的絕境，他們將自行埋葬在巴黎的廢墟之下，要將巴黎變成第二個莫斯科；這正和國防政府一樣，牠以前也說過這樣的話——但這祗是掩蓋他們叛變的遁辭。爲了這個目的〔變巴黎爲第二個莫斯科〕，特洛許替他們〔政府派〕準備下了煤油（註一）。公社知道，牠的敵人是不把人民的生命放在心上的，他們所極度擔心的，是他們自己的巴黎的建築物。梯厄耳另方面通知他們，他對於報復是不容情的。當他一方面已經準備好了軍隊，另方面，普魯士軍把住了陷穽；他就馬上宣言說：『我是殘酷的，贖罪將是徹底的，執法將是剛正不阿的。』如果巴黎工人的行爲，是破壞行爲，這是臨到絕望的防禦的破

（註一）德文版法文版均無『替他們』一語。——日譯本註。

壞行爲，決不是勝利的破壞行爲，如基督教徒加諸異教徒的，古代的，具有無上價值的藝術寶庫的一樣。但歷史家懂得，卽使如後一種的破壞行爲，對於一個勃焉而興的新社會，與一個崩壞着的舊社會之間的偉大的鬪爭，也是一個不可避免的而且比較微細的附帶產物。何況這種〔巴黎工人的行爲〕，比之於取消歷史底巴黎而代之以觀光者的巴黎的奧斯曼（註一）的破壞行爲，更不算得什麼一會事了！

但公社處死了自巴黎天主教以下的，六十四名的人質！一八四八年六月，資產階級及其軍隊，恢復了戰爭習慣中久已取消的一個常例——槍殺無抵抗的俘虜。這個殘忍的習慣，證明是眞實的『文明的進步』，爲鎮壓歐洲及印度的一切民衆騷動的人所或多或少的嚴格遵守的！別方面，普魯士則在法國恢復了人質的習慣，這種無辜的人，必須以自已的生命，對他們〔普魯士軍隊〕負別人行爲的責任。如我們所見的，梯厄耳自戰爭開始，就厲行槍殺公社俘虜這個人道的習慣時，公社爲保護

（註一）前曾說過，奧斯曼爲第二帝國的賽因縣縣長，因整頓巴黎街道而得名——日譯本註。

他們的生命，不得不採用普魯士軍隊的人質的習慣。而凡爾賽軍方面還是繼續的槍殺俘虜，這是他們自己要殺死這些人質的生命。馬克·馬昂的近衛兵為祝賀攻入巴黎施行大屠殺之後，還能再留他們〔人質〕的生命嗎？甚至這種對於資產階級政府肆無忌憚的殘虐性的最後阻礙物——人質——也僅成為一種虛聲恫嚇（註一）嗎？達爾婆阿（註二）大主教眞正的兇手，那是梯厄耳。梯厄耳悍然拒絕了公社無數次的提議，他們願以大主教及許多教士，和陷在梯厄耳手中的僅僅一個布郎基相交換。他知道釋放布郎基，等於親手供給公社以一個領袖；另方面，大主教的屍骸，會更適合於他的目的。梯厄耳仿照卡汾涅克（註三）的前例做去。在一八四八年六月，卡汾

（註一）a mere sham. 德文版僅為『笑料』(Gespött) ——日譯本註。

（註二）Darboy (Georges, 1813-1871)。

（註三）Cavaignac (Louis-Eugène 1802-1857) 一八四八年的行政長官，為鎮壓六月叛亂的有名的反動將軍。在與魯易·邦那巴特競選大總統中失敗了——日譯本註。

涅克與秩序黨人，不是對於叛亂者加以殺死亞夫爾大主教（註一）的罪名嗎？他們充分知道：槍殺〔亞夫爾〕大主教的，實際是秩序黨的兵士。當時在場的副主教傑克梅(Jacquemet)事後立刻向他們證明了這件事的。

秩序黨在血的歡宴中，對於犧牲者的一切造謠誣讒的合唱，祇證明了現代的資產階級是從前的封建貴族的繼承人，封建貴族認爲他所操持的對付平民的武器，是正當的，任何武器一操在平民的手中，那本身就是犯罪的。

在外國侵略軍隊的保護之下發動內戰，藉以破壞革命的統治階級的陰謀——我們可由九月四日那天起，至馬克，馬昂的近衛兵從聖·克勞城門攻入（註二）巴黎爲止所能蹤跡而得的陰謀——在巴黎的大屠殺中達到了頂點。俾斯麥徘徊瞻顧着巴黎的廢墟，這恐怕是他在一八四九年普魯士的『無雙議會』中，僅僅做一個鄉村地主

（註一） Affre (Denis-Auguste) 一七九三年生，爲巴黎大主教。一八四八年六月二十五日，在要塞上受了致命傷——旧譯本註。

時所祈望的破壞大城市的第一次吧。他又徘徊瞻顧着巴黎無產階級的屍骸。在他看來，這不僅是革命的剷除，更是法國政府實際上自刎其頸的法國的消滅。他以一切成功的政治家特有的淺薄，祗看到了這可怕的歷史事件的表面。以前在什麼時候，歷史曾經顯示出一幕征服者的奇觀，其中征服者不獨變成被征服的政府的憲兵，且進而變成被雇傭的兇手，使他的勝利更在錦上添花呢？普魯士和巴黎公社之間，並沒有發生戰爭。反之，公社是接受和議草約的，普魯士曾宣言中立。所以普魯士不是交戰國，牠是盡了兇手的作用的，這是卑怯的兇手，因爲牠沒有遭到何種危險，

（註二） 當五月二十一日（星期日）那天 沒有一個士兵把守聖•克勞門(La porte de saint-cloud) 的，這是疏忽之至的事。幾天以前，該門的破毀曾引起過公社的注意。見到這種情形的凡爾塞的奸細杜卡德爾 (Ducatel) 便爬到六十堡壘上面高揮白巾，秘密通報杜厄將軍部下的凡爾塞軍隊。該軍見到了他的暗號才得攻入巴黎。時間爲午後三點鐘。這是公社覆滅的第一個決口——日譯本註。

這是雇傭的兇手，因爲牠預先約定，如果巴黎陷落，便付牠以五萬萬法郎（註一）的殺人代價。於是這一戰爭的眞的性質變成顯明的了，這戰爭是上帝命令的，是虔誠而道德的德國，所加於無神而荒淫的法國的懲罰。但連舊世界的法律家也都知道，這種無可比並的對於國際公法的破壞，並沒有使歐洲的『文明國家』起來，去向各國宣布那僅爲聖·彼得堡內閣工具的，罪大惡極的普魯士政府爲逐於法外的罪人，而僅僅刺激他們，使他們攷慮要否將逃過巴黎周圍的二重哨兵線而來的少數犧牲者，引渡給凡爾賽的絞手吧了。

當現代最慘厲的戰爭之後，征服者與被征服者的兩方軍隊爲了共同屠殺無產階級而相互結合起來——這件無與倫比的事實，表示出了並不如俾斯麥所想像的，對於一個勃興的新社會的絕對的鎮壓，而是資產階級社會的崩潰。舊社會所尙能做的最高的英勇底努力，就是進行民族戰爭；這種民族戰爭，現在祗證明是一種政府的

（註一） 賠款五〇億法郎的第一批付款——日譯本註。

欺騙，牠的本意要延緩階級鬬爭，等到這種階級鬬爭一爆發爲內戰時，這個欺騙馬上就放棄了。階級統治再不能以民族的制服來加以掩飾的了，各個民族政府當牠們在反對無產階級時，是一體的。

一八七一年的五旬節（註一）以後，法國的工人，與他們生產品的占有者之間，是不會有任何可能的和平，與任何可能的休戰的了。雇傭軍隊的鐵腕，也許常常能夠使兩個階級在共同的壓迫之中聯結起來。但戰鬥一定會一再在愈益擴大的規模中爆發出來，誰是最後的勝利者——占有的少數人，還是龐大的勞働的多數者呢？這是沒有什麼可懷疑的。而法國的工人階級，僅僅是近代無產階級的先鋒吧了。

（註1） Whit-Sunday (la pentecôte——le dimanche de la pentecôte) 復活節以後第五十日的星期日。一八七一年五旬節，正是五月二十八日的星期日。這一天，巴黎公社雖已完全倒台，馬克・馬昂宣言『戰爭業已終結了』但巴黎人民的大批屠殺正在開始——日譯本註。

歐洲各國的政府，既在巴黎的面前，證明了階級統治的國際性質，同時，又誹謗國際工人協會——卽是與資本的世界組織相對抗的工人的國際組織——爲一切此種災禍的主要源泉。梯厄耳責罵牠爲以勞働的解放者自稱的勞働的專制君主。辟卡爾發布命令，斷絕法國的國際會員與別國的會員之間的一切聯繫。一八三五年的梯厄耳的木乃伊化的共犯喬倍爾（註一）伯爵宣言，剷除國際工人協會爲一切文明國家政府的一大問題。鄉村地主們也對牠咆哮，而歐洲的所有報祇都參加着這個合唱。和我們協會完全無關係的，某一可尊敬的法國著作家這樣說：『國防軍中央委員會的委員及公社人員的大部份，爲國際工人協會之中最活動，最聰明，而且最能幹的

（註一） 法文版爲『一八三五年已爲梯厄耳的共犯的，陳屍爛臭的木乃伊——喬倍爾伯爵』。德文版爲『陳舊的……木乃伊的……共犯』。這種固有名詞在英文版上雖爲 Jaubet，這是 Jaubert 之誤（法文德文二版均爲 Jaubert）。據丟諾亞的法文版譯註：『這一喬倍爾，在鄉村地主議會中是代表薛爾縣的』——日譯本註。

人士……是極誠實的，眞心的，聰明的，完全能自我犧牲的，純潔的，而且是狂信（在這兩個字的好意義上說）的人。』警察意味的資產階級精神，當然視國際工人協會的行動，爲祕密的陰謀，其中央機關則是常常在命令各國暴動的（註一）。我們的協會，實際上祇是文明世界各國最進步工人中間的國際聯繫。不論在任何地方，任何形式，任何條件之下，祇要在那裏階級鬥爭獲得了某種堅決性的，我們協會的會員總是身列前茅，這是當然的事。現代社會的本身，便是牠成長的基礎，不論屠殺多少人，決不能撲滅牠的，要撲滅牠，政府便必須撲滅資本對勞働的專制，即撲滅牠們所寄生的存在條件。

工人的巴黎及其公社，是新社會光榮的先驅者，將永久爲人頌讚。牠的殉難者是銘記在工人階級偉大的心窩中的，牠的劊子手已爲歷史釘上了永久的羞辱之柱，他們牧師的一切祈禱，都不能超渡他們了。

（註一）法文版爲『民衆的暴動』——日譯本註。

總務委員會

M・T・布恩，夫立特里克・布拉特涅克，J・厄契・拔泰利，卡依爾，威廉・海爾士，珂爾普，列斯納爾，皮・柳克拉夫德（註一），喬治・米爾那，多瑪斯・木泰斯黑特，却爾士・馬萊，喬治・奥傑（註一），普峯台爾，洛蒂（註二），柳爾，薩特拉，卡佛爾・斯德普尼，亞爾夫列特・帝拉（註二），威廉・泰文甸特。

通信書記

法國部　由傑奴・杜奔　意大利部　比・喬伐基尼

（註一）因反對內戰出版而辭職——英文版註。

這二人（椅子工人柳克拉夫德及編織工人奧傑）因馬克思辨護公社的一切行動，而感不平，在本書出版之後，即行辭去總務委員之責，具名代之以約翰・洛蒂與帝拉——日譯本註。

（註二）在法文版上沒有這兩人的名字——日譯本註。

171

德國及荷蘭部　卡爾・馬克思　　匈牙利部　切維・摩利茨

比利時及西班牙部　弗里特里希・恩格斯　　波蘭部　安東・沙皮基

丹麥部　詹姆士・哥安　　瑞士部　赫爾曼・揚格

美國部　J・G・厄加里烏斯

主席　赫爾曼・揚格

會計　約翰・佛斯東

財政書記　喬治・哈里斯

總書記　約翰・海爾士

一八七一年五月三十日（註一）

倫敦，海安好爾旁二五六號。

（註一）國際工人協會總務委員會公認版，保存在莫斯科馬克斯恩格斯列甯研究院中的僅有的二部法文版内戰第三版（這似爲馬克思本人所有，有許多訂正處）中，有四十六人署名。這是公社失敗後，亡命倫敦的許多公社戰士——特別有名的布郎基主義者（安多亞恩・亞爾諾，克爾納，馬爾格里特，康斯坦·蒙坦，L·鄭維厄，厄杜亞爾，伐依揚）補充委員會的，他們到達倫敦之後，才見到第三次宣言——即內戰的本文，他們為對人表示自己也是「高聲要求內戰中所提出的原則」的，故連名簽署其中。簽名次序如下。

L·亞普爾伽斯，安多亞恩·亞爾諾，M·T·布恩，夫立特里克·布拉特克，J·H·拔泰利，F·克爾納，烏·特拉厄，由傑奴·杜弈，達維柳·海爾士，哈里曼，裘爾·喬亞那爾，哈里厄德·羅，弗里特里希·列斯納爾，洛克納爾，夏爾爾·隆葛，馬爾格里德，康斯坦·馬爾坦，亨利·梅霞，喬治·米爾那，夏爾爾·馬萊，普圣台爾，J·羅特瓦諾夫斯基，約瀚·洛蒂，柳爾，J·朗維厄，維泰爾·列齊斯，薩特拉，卡佛爾，斯德普尼，亞爾夫列特·帝拉，達維柳·泰文匈特，厄杜亞爾，伐依揚，約翰·佛斯東，F·雅洛。

通信書記——卡爾·馬克斯（德國及俄國部），列昂·夫倫刻爾（奧大利及匈牙利部），阿·赫爾曼（比利時部），多瑪斯·木泰斯黑特（丹麥部），J·厄加里烏斯（美國部），J·P·馬克·特納爾（愛爾蘭部）弗里特里希·恩格斯（意大利及西班牙部），伐列利·胡洛布列夫斯基（波蘭部），赫爾曼·揚格（瑞士部）。

主席哈·揚格，總書記約翰·海爾士。

康斯坦·馬爾坦與亨利·梅霞之間本有切維·摩利蒸的名字，為訂正者（多半是馬克思）抹去了——日譯本註。

附註（註一）

「俘虜們在尤里克街（註二）停下來，站在人行道上，面向街道，分成四排至五排。侯爵迦里佛將軍和他的參謀下了馬，開始從隊伍的左面起加以檢查。他們走得很慢，睨視着隊伍，將軍時時站下來，拍拍某一個男子的肩頭，叫他站出來。這樣揀中的人，大多不會再加審問，走到街道中間，立刻形成一排小小的隊伍了……其

（註一）爲原文附註——英文版註。

這附註採入德文版中，作爲附錄——法文版沒有採用。但在黎撤加列的一八七一年公社史中（三八五頁）有更詳細的轉載——日譯本註。

（註二）黎撤加列作 Ulrich，這是錯的，英文版作 Ubrich 這是正確的。該處相當於現在的婆亞·特·布洛紐街——日譯本註。

中大有寃枉的人，那是不用說的。一個騎馬的軍官，給迦里佛將軍指出某一個男子和一個女子，說他們犯了什麼特別罪。女的跑出隊伍，跪着，張着兩手，激越地辯白自己的無辜。將軍等她說話停頓一下，便用最冷然不爲所動的面色與態度說道：『太太，巴黎所有的劇場，我都去過了，你這種表演是不會影響我的』（ce n'est pas la peine de jouer la comédie——無須做這種滑稽戲了）……在這種日子裏，比別人顯得個子高些的，汚穢些的，淸潔些的，年老些的，醜陋些的人，都要倒霉。我很吃驚，有一個大概由於缺了鼻子，就被從這個世界的不幸中解放了（被殺了）……這樣揀中的百多個人就交給了劊子手，俘虜們把他們留在後面，又向前進。幾分鐘後，我們的背後驟然開始射擊，繼續了大約十五分鐘，這就是被馬虎判決的不幸者的死刑的執行』——六月十八日英國每日新聞報（註二）的巴黎通信員。

（註一） 據黎撒加列（三八六頁）則爲『一八七一年三月八日每日新聞報，一八七一年五月三十日泰晤士報』——日譯本註。

175

——這個迦里佛，『他妻子的男妾，因其妻在第二帝國的宴會上出乖露醜而得名的』那個迦里佛，在戰爭中，成爲著名的法國的『旗手辟斯多爾』（註一）了。

『時報』（註二）是審愼周詳的報紙，牠對於會挑起感情的事情，是決不感興味的。但牠登載使人毛骨悚然的消息（註三），是關於鎗斃後呼吸未斷就被活埋者的。有許多人，埋在聖・傑克・拉・布辟爾（註四）附近的公園中，其中有的埋得太淺了。白天，爲繁華的街上的喧鬧聲掩住了，毫不引人注意，但一到夜闌人靜，附近的

（註一）"Ensign Pistol" 這是莎士比亞亨利四世劇中有名的法爾斯泰夫（Falstaff）的旗手的名字。爲『暴徒』的代名詞——日譯本註。

（註二）一八七一年五月二十八日時報關於聖・傑克公園的記載，是爲各方所引用的。例如同年六月六日的斐伽羅報，黎撒加列的公社史（三八一頁），齊諾維埃夫序克拉爾德社版的巴黎公社（一一五——一一六頁）等——日譯本註。

（註三）至此爲止，與以後的『傷者云云』一句，也收錄在齊諾維埃夫作序的巴黎公社（一一六頁）中——日譯本註。

居民爲遠遠傳來的呻吟聲所攪醒，第二天朝上，見到了緊握着的拳頭伸出了地面。因此又下命令重新開掘出來。……有許多傷者被活埋了，這是我毫不懷疑的。有一件事我是可以保證的：布留納爾（註五）和他的愛人在上月二十四日望特姆廣場附近某所房子的院子裏被鎗殺時，這兩具屍首直到二十七日午後還攤在那裏。埋葬隊來收殮屍首時，發覺女的還是活的，便把她送到傷兵醫院去了。她雖中了四彈，現在已脫離危險狀態了。』一八七一年，六月八日晚報巴黎通信員。

（註四）the square round St. Jacques-la-Bonchiere. 這句話正確地說來應爲 le square de la tour Saint-Jacques（聖・傑克塔的公園），在法文文獻中均屬如是（這就譯者所見到的而論）。犧牲者是掩埋在拔底紐爾，湯普爾，聖・傑克等公園中的，但以聖・傑克葬得最多。『簡率判決——鎗斃——聖・傑克公園，形成了犧牲者的三個階段』——日譯本註。

（註五）Brunel (Antoine) 爲帝國時代第十軍團的大佐，因傾向共和被開除出隊。在公社中由第七區選任爲代表，奮發有爲。當時傳說他沒有被鎗斃，死者是另一人。但這傳說是錯的。他確躲在望特姆廣場二十四號夫爾特夫人的家裏，在那裏被捕鎗決。這事後來由拉斯派伊年鑑案的判決庭上證明了——日譯本註。

附錄

巴黎公社宣言
馬克思致顧格爾曼的信（二封）
俄譯本註釋

巴黎公社宣言

法蘭西共和國

自由——平等——博愛

巴黎公社

告法國民衆書

嚴重與可怕的鬥爭，又使巴黎經歷着被圍與轟擊的厄運了，牠使法國人流血，使我們的弟兄，我們的妻兒們，在大砲與機關槍的轟射之下喪生，在這樣的鬥爭中，必須要社會的輿論不致發生分裂，要國民的自覺清楚與鞏固起來。

巴黎與整個的法國，必須知道那完成着的革命，具有怎樣的性質，怎樣的原

178

因，與怎樣的目的。最後，我們既然是殺戮，苦難與貧窮之下的犧牲者，那末應該把這些災害的責任，加於那些叛賣法國與出賣巴黎給外國人的人們的身上，他們盲目與殘酷地使首都趨於滅亡，爲的要把他們的叛逆行爲與罪惡的見證，埋葬在共和國與自由的廢墟之下。

公社的責任，必須要把巴黎民衆的意向與願望，加以證實與解釋，要把三月十八日的運動的性質闡明出來，這運動是爲那些在凡爾賽集會的政客們所汙蔑，而令人誤解，忽視了的。

這一次，巴黎也是在爲全法國而工作，而受難，牠在以鬥爭與犧牲，準備着法蘭西的智慧上，道德上，行政上，與經濟上的再生，牠在圖謀法蘭西的光榮，以及牠的繁昌。

巴黎要求什麼呢？

共和國的確認與鞏固，因爲共和國是唯一的統治形式，牠與民衆的權利相調

179

和，且能保證社會之正確的與自由的發展。

分佈到法國各地的各個公社，完全自治，且對各人保證他的完全的權利，更保證每一個法國人，以他的人格，公民與勞働者的資格，自由發揮他的能力與本領。

公社的自治，將以這樣的自治權爲限，即對於一切其他的公社具有平等的自治權，但這些公社之間必須訂有條約，而且要都參加在一個聯合體裏的，這聯合體將保證法國的統一。

屬於公社的權利如下：

表決公社的收支預算，稅款的決定與分配，管理地方機關；法庭，內務警察與民衆教育的組織；管理一切屬於公社的財產。

用選舉或徵募的方法，指定法官與各種公社官員，使他們負擔責任，同時公社對他們又有永遠監督與隨時撤換之權。

個人自由，信仰自由與勞働自由的完全保障。

公民對於公社的事務，經過自由發表自己意見與自由保護自己利益的方法，可以經常參與，此種公民活動的自由表現，由公社加以保障，同時也祇有公社，才對集會權與發表權之自由的與公正的應用，有權加以統制與維持。

組織公社的保安隊與國防軍，這軍隊自由地推選自己的長官，而且祇有牠來維持公社內部的秩序。

巴黎對於地方自治，並不要求其他別的保證，當然，要在這樣的條件之下，即在全國的中央行政機關中，——在全國公社聯合的行政機關中，要採用上述同一的原則。

不過在利用自己的自治權與行動的自由權之時，巴黎給自己保留一個權力，即依牠自己的觀察，能將牠民衆所要求的關於行政上與經濟上的改革，逕自實施出來，且建立各種機關，使牠們適合於教育，生產，交易與信用的發展與推廣，又適合於將政權與財產權，進行與時代要求及經驗材料相符合的普遍化。

當我們的敵人斥責巴黎，說牠彷彿要把自己的意志與主權強迫加之於全國，又說牠趨向獨裁，這將是對其他公社的獨立與主權之眞正的破壞，這時候，他們是錯誤了，或者在欺騙全國的人民。

當牠們斥責巴黎，說牠彷彿要破壞法蘭西的統一，這是他們錯誤了，或者在欺騙全國的人民。法蘭西的統一是革命造成的，那時我們的祖先，從舊法國的一切地方聚集攏來，歡呼着，慶祝這一全國的聯合。

一直到目前爲止，因帝國，君主政體與議會制而維持在我們身上的統一，祇是專制的，不合理的，獨行獨斷的與代價頗高的中央集權制。

至於巴黎所期望的那樣政治的統一，那是各地創意的一種自願的結合，是一切個人努力之獨立的與自由的結集，爲的要達到一個共同的目的，——那一切人的幸福，自由與安樂。

因民衆的發動，在三月十八日開始的公社革命，開啓了一個實驗的，積極的與科學的政治之新時代。

這是舊政界與教權的終結，是軍國主義，官僚制度，剝削，投機買賣，獨佔，特權的終結，從這些東西裏，無產階級過去所得到的是奴役，而祖國所得到的則是貧窮與破產。

這樣，以前給欺騙與誣讒蒙蔽了的親愛與偉大的祖國，就發見了眞理！巴黎與凡爾賽間所進行的戰爭，牠的性質嚴重，決不能由什麽幻想的妥協來解決的，戰爭的結果是沒有什麽可以懷疑的。國防軍既以百折不回的毅力，去求得勝利，那末勝利是一定會屬於抱有理想與正義的這一邊的。

我們向法蘭西呼籲。

讓全法蘭西知道那武裝了的巴黎，充滿了沉着與勇敢，知道牠以力量與熱情來保持秩序，知道牠憑着同等的意識與勇氣來自我犧牲，知道牠祗因對於共同的自由與共同的榮耀之效忠而武裝起來的——讓全法蘭西知道了這些以後，起來強迫停止

183

這流血的戰鬭吧！

讓法蘭西鄭重地表白出牠百折不回的意志，去解除凡爾賽的武裝吧！

法蘭西將利用我們勝利的果實，——讓牠表示同意於我們的努力，讓牠在這戰鬭中，做我們的同盟者吧，這戰鬥的結果，如不是公社思想的勝利，那只有巴黎的毀滅！

至於我們，卽巴黎的公民們，我們有一種使命，必須要把現代的革命實行出來，這是歷史上光輝的任何革命中，最廣大與最有成果的一次革命。

我們的責任，在於戰鬥，並且要取得勝利！

巴黎公社

一八七一年四月十九日巴黎。

185

馬克思致顧格爾曼的信(二封)

第四十五號

倫敦 一八七一年四月十二日

親愛的顧格爾曼：

你的信中關於醫病的部分已經有了效力：我立刻到了我的馬特孫醫生那裏去，暫時照他給我規定的辦法來療治。他却說，我的肺是好好的，我的咳嗽是氣管枝上的毛病，等等。他也要注意我的肝臟。

我們昨日得到了令人不大放心的消息：拉發格(羅拉沒有同他一起)此時在巴黎。

如果你讀過我的布魯美月十八日的最後一章，你就可以看到，依我的意見：下一次法國革命的興起，應該不是如既往那樣，把軍事官僚的機器。從這部份人手裏轉移到那部份人手裏，而是要破壞這個機器。這是大陸上每個眞正民衆革命的第一個條件。我們的英勇的巴黎同志正是這樣做去的。這些巴黎人，具有何等的靈活手腕，何等的歷史創意力，何等的自我犧牲精神！捱了六個月的饑餓和痛苦之後（內奸加害於他們的，比外敵加害於他們的更多得多），他們仍舊在普魯士的刺刀底下暴動了起來，好像沒有法德戰爭那一回事，好像敵軍不是駐在巴黎城外的！歷史從未見過如此英勇的先例！如果他們失敗了，那祗有他們的『好漢』性格是失敗底原因。在維諾亞及後來國防軍中一部份反動分子剛退去巴黎時，他們應該立刻進攻凡爾賽的。因爲猶豫的原故，他們放過了良好的時機。他們不肯發動國內戰爭，好像壞小子梯厄耳企圖解除巴黎武裝時候，不是已經發動國內戰爭了的。第二個錯誤是：中央委員會太早解除了牠的職權而讓位給公社。這又是太過於顧惜『榮譽』之故！雖然如此，這次巴黎的暴動，即使給舊社會那些豺狼豬狗壓平了，仍是六月巴

187

黎暴動之後，我們的黨底最光榮的成績。試把巴黎那些準備射天的巨人同『普魯士日耳曼聖羅馬帝國』那些俘虜比一比罷，同牠的身後化裝，牠的兵營，教堂，封建，尤其是俗物的腐體比一比罷。

順便說一點：受了魯易・邦那巴特金錢直接收買的人底名字之正式公布，揭露了佛赫特於一八五九年八月收過四萬法郎！我把這事實通知李卜克納西了，爲的他有機會時可以使用。

你可以將哈克士陶生底著作寄給我，近來我收到了種種小冊子，還沒有去看，其中不僅有德國寄來的，甚至有彼得堡寄來的。

謝謝你寄了種種報紙給我（多寄些來吧，我請你，因爲我要寫點東西關於德國，德國國會等）。

我的最好的紀念，對『伯爵夫人』和『小猫頭鷹』！

你的 K・M・

第四十六號

一八七一年四月廿七日

親愛的顧格爾曼：

你的信收到了。我此時忙得很。祇寫幾個字給你罷。我完全不瞭解，你怎麼能把巴黎現在發生的鬥爭比之於一八四九年六月十二日式的小資產階級的示威運動。那樣作歷史，顯然是很便利的，倘若祇在『確然順利的機運之下』才發動鬥爭。他方面，倘若『偶然』在歷史中沒有任何作用，那歷史就帶着很神祕的性質了。這些偶然情況自然入於進化底一般行程，而且有其他的偶然情況出來抵償。但運動底加速或緩和，很多依賴於這類的『偶然』，起初領導運動的那些領袖，他們的性格也是屬於這類『偶然』之內的。

這次，絕不應當在法國社會一般條件之內來尋求這個不幸的和決定的『偶然』，

189

而應當在普魯士人侵入法國境內和迫近巴黎城郊這情形之中去尋求。凡爾賽那些資產階級流氓是很明白此事的。正因爲這個原故，他們才叫巴黎人處於兩條歧路，不是起來鬥爭，便是不鬬爭而失敗。在後一情形之下，工人階級底頹喪，將比喪失若干『領袖』更不幸的多。謝謝巴黎發動的鬥爭，工人階級對於資本家階級和資本家國家之鬥爭，已經進入一個新的階段了。無論結果如何，我們已經得到了有世界歷史重要性的一個新的出發點。

再會！

K・M・

191

俄譯本註釋

（一）國際工人協會總務委員會——國際工人協會（第一國際）的總章規定：由加入協會的各國工人代表組織一總務委員會。總務委員會從其委員中舉出主席，總書記，會計以及各國的通訊書記。總務委員會受託指導大會中間協會的一切事宜。其所在地由大會指定。總務委員會可以自行改變會議的地點，但絕不能更改召集會議的時間。總務委員會爲着相互通報及相互行動，建立了各個支部及各國工會中間的聯繫，爲保證總務委員會之最有效的活動起見，各個國家必須團結本國各種工人團體於一個全國總工會中。協會的每一支部有權選派自己的通訊員駐於總務委員會。總務委員會的權限是時常更改的，但只有國際海牙大會（一八七二年）爲了與巴枯甯派鬥爭，才擴大了總務委員會的權限。

（二）一八七〇年的普法戰爭——開始於七月十八日，經過六星期，至一八七

○年九月二日的色當惡戰之下，拿坡崙第三與其軍隊便一同被俘虜了，這次戰爭是經過多年準備起來的。起初，普魯士宰相俾斯麥，以出讓萊恩左岸的土地引誘拿坡崙第三，求他援助普魯士及其統一德意志的計劃。但當一八六六年普魯士戰勝了奧地利之後，俾斯麥却阻止拿坡崙第三獲取盧森堡公國，并且很快地卽在萊恩各方面開始積極鼓動戰爭。

當西班牙發生普魯士王族之一有繼承其王位問題的時候，戰爭的誘因便迅速地表現出來了。拿坡崙第三宣言表示反對。雖然威廉第一皇帝在形式上作出種種讓步，但俾斯麥——『鐵血宰相』——還是公開發出答覆拿坡崙第三的電報，指責法國軍事及宮庭中的一羣，看到普魯士爲其自身利益而有所舉動時，竟爲了挽救法國王朝的威信而趨向戰爭。所以後來社會民主黨的領袖李卜克納西在德意志國會中，曾揭露這次戰爭是由歷史上所謂俾斯麥的『愛姆士公文』（The Ems Dispetch）製造出來的。

193

法國對於戰爭，無論在外交上或技術上都沒有準備：沒有同盟國，沒有必需的武裝。俾斯麥也只有當參謀部總長莫爾特克保證普魯士對戰爭已經準備好的時候，才開始宣佈戰爭。法國軍隊在色當的失敗，約等於巴塞的軍隊在密茨失敗一樣，決定了普魯士的勝利。國防政府（牠成立於九月四日，此後在巴黎廢黜了皇帝，宣佈了共和）的秘密談判，帶來了一月二十八日的休戰協定。在外省抵抗普魯士軍隊的計劃是失敗了。共和主義者哈白特曾企圖從都拉組織一枝新軍（約有六萬人），但也遭受了接連的失敗。從巴黎公社方面組織國防一事，亦沒有成功。法國資產階級的主和，爲的是要鎮壓首都的無產階級運動。農民是擁護他們的。三月二日，國民大會投票贊成議和。但最後的和議，到了五月二十日才在福郎克佛・馬茵訂結。按照和約，法國將亞爾薩斯及洛林的一部（包含一百五十萬人口）割讓給德國，并於四年內償付賠款五十萬萬法郎；駐在塞因河右岸與法國東境間的德國軍隊，按照賠款的償付比例逐漸撤退。

（三）『路易・邦那巴特的布魯美月十八日』——這是指馬克思關於一八四八年法國二月革命所寫的一批論文。這些論文個別地發表於馬克思的朋友約塞夫・凡德麥爾在紐約所辦的『革命』月刊第二期之上（一八五二年）。『布魯美月十八日』的名稱，是將拿坡崙第三的政變與邦那巴特・拿坡崙（拿坡崙第一）所完成的一七九九年十一月的政變，加以諷刺的比擬。

（四）反對社會主義者的例外法案——一八七八年依俾斯麥的主張所製定的。頒佈此次法案的理由，據說是因爲威廉第一皇帝曾遭受了許多次襲擊（一八七八年五月十一日錫工黑德爾曾襲擊過他，同年六月二日羅畢利格又企圖刺殺他）。在俾斯麥看來，這些襲擊正是開始鎮壓社會主義者之最好的藉口。在國會的新選舉中，社會民主黨人雖保持了以前的選舉票數（他們比之一八七七年失去了三個議員的位置）。但俾斯麥還是收集了必需的票數，所以『反社會主義者法案』終於被通過了（二二一票對一四九票）。可是頒佈此項法案的根本原因，却是六十年代和七十年代社會民主黨之發展。政府封閉了社會民主黨的三個中央機關報（前進報，柏林自由報，漢堡——亞爾登民報），隨後又令一百二十七家定期刊物暫時停版，并封閉了二百十七個團體，流放了六十七個社會民主黨的活動者。但在沮利黑出版的社會民主黨報却光榮地補償了許多黨報之被封禁。隨後，社會民主黨在選舉方面也獲得了大的進步（社會民主黨在一八八四年的選舉中獲得了五四九·九〇〇票，在一八九〇年中獲一·四二七·二九八票）。社會民主黨的進步，迫着俾斯麥的繼承人加布利威不得不放棄此項法律。

（五）革新宴會——一八四八年革命前夕，資產階級用以反抗七月君主政府之一種常用的合法手段。

（六）一八三〇年的革命，七月革命（從七月二十七日到三十日）——是反對查理第十和布爾旁王朝的革命，查理第十企圖恢復大革命前的舊制度，并取消資產階級在國家中的支配權。在這個革命的前夕，查理第十曾企圖造成政變，以此取消由憲法條文所保證的許多自由法令。在七月那些日子的鬬爭中，參加者有巴黎的工人，手工業者及學生，并且還有法國資產階級中的各層人物。最初在形式上曾宣佈了共和國。但最後却跑出了王位的繼承者與爾良公爵，路易·斐利普，『市民之王』。組織的缺乏，乃是當時工人失敗及資產階級勝利的主要原因。新的王國（七月的君主政體）代表了財政及大工業資產階級的利益。七月的君主政體，在毀滅里昂工人運動中暴露出了牠的社會實質。一八三〇年的革命，在經濟方面同在政治方面一樣，都是表示了從政府方面保護資產階級利益的制度之繼續。

（七）六月暴動——自一八四八年五月以後，法國國民會議即開始了牠的活動，牠從臨時政府中排除了路易布浪和機械工人亞爾伯。牠利用五月十五日企圖解散國民會議的運動之失敗，開始鎮壓一切前進的革命家和社會主義者，與工人的『赤色危險』進行鬥爭。在革命的初期，臨時政府爲要在形式上對工人表示讓步，曾決定組織『國立工場』——失業工人的共同工作所。但因爲經濟恐慌的結果，國

197

立工場便宣告人滿了——在裏面的工人已有十萬人以上。當六月二十一日宣佈：凡是自十八歲至二十五歲的工人，不加入軍隊，就得離開首都的時候，無產階級迫不得已遂起而舉行了反抗解散工場及法國資產階級政府的暴動。暴動繼續了好幾天（六月廿三日至廿七日）。工人們是失敗了。資產階級宣佈了卡汾涅克的獨裁，小資產階級是支持牠的。結果工人暴動犧牲者的數目達好幾萬（依英國報紙的記載是五萬人，據別的報告爲二十萬人）。暴動之被壓潰，是得了由首都下層人民所組成的輕裝前衛軍之助的。

（八）一八五一年十二月二日——路易·邦那巴特自一八四八年十二月十日被選舉爲共和國總統之後，卽與君主派的資產階級和農民聯合以進行反對革命民主派的鬬爭。一八四九年六月十三日小資產階級的進攻，遭受了空前殘酷的壓迫。一八五〇年取消了普選法，取消了無產階級所已經獲得的社會地位，幷且還採取了限制民衆組織的反動法律。在立法會議上，當時曾展開了各派君主資產階級集團之間的鬪爭。路易・邦那巴特利用了這種鬪爭，以便利於那正在渴望着和平與『秩序』的資產階級和農民的一派，完成了一八五一年十二月二日的政變，企圖以此鞏固他在十數年內的總統權位。資產階級共和主義派的反抗企圖之所以失敗，是因爲無產階級自一八四八年六月被壓潰之後，已再沒有力量起而援助他們。路易・拿坡崙施行恐怖制度，恢復了普選法，藉全民投票以鞏固他自已的政權，并於一八五二年完成了一個政變，恢復了王政。

（九）一八六六年的普奧戰爭——普魯士與奧地利間的戰爭，是爲了爭取德意志同盟中的霸權，以及爭取什列斯威與好斯敦省（這是一八六四年從丹麥奪取過來的）而起的。關於德意志統一的問題，在六十年代被提到議事日程上了，由於偉大的革命民主運動之缺乏，資產階級之卑怯與軟弱，所以這個問題只能憑普魯士或奧地利的軍事力量來解決。當一八六四年普奧兩國以聯合的力量戰勝丹麥之後，便依照哈什登的協定（一八六五年）相互地分取贓物，即普魯士獲得了什列斯威，奧地利獲得好斯登。但俾斯麥很快就責難奧地利，説牠沒有執行一八六五年的協定，因而於一八六六年七月即在所佔領的省份內調動起普魯士的軍隊來。普魯士在同意大利簽訂了同盟，并壓迫好些德意志的公國服從牠的領導時，牠就急速地向奧國宣佈戰爭了。在沙多夫（或格尼哈列茨）的惡戰之下，牠給了奧國以最後迅速的和決定的失敗。七月三日普魯士強迫奧地利簽訂了與牠自己有利的和約。普魯士從此便成了德意志的主人翁。牠團結了什列斯威好斯登，將德意志的三個國家以及自由之城的福郎克佛・馬茵。在一八六六這同一年中，普魯士與德意志的其他國家又訂立了許多條約，在牠的領導之下把牠們（二十二個國家）團結成爲北德意志同盟。

（一〇）九月四日與國防政府——當巴黎知道了九月二日色當的慘敗之後，在首都便立刻宣佈了拿坡崙第三的廢黜，組成了臨時政府——『國防政府』。政府人員都屬於帝國時代之議會共和主義的反對派，他們曾是革命羣衆及社會改革的堅決敵人。政權是落在資產階級的手裏去了。臨時政府僅以解散立法會議和取消上議院自限，所以牠仍然是停滯在帝國時代之一切舊官僚的地位上。特洛許曾被任命爲巴黎軍隊的司令長官。但他却盡量拖延對普魯士人的進攻。當民衆陷於饑餓而富人毫無所損的時候，政府亦未曾立刻採取任何手段，以調節必需日用品的價格。政府幷拒絕選舉巴黎公社。十月三十一日布浪基派的暴動失敗以後，政府便藉口保持政權的問題，舉行了平民投票以擁護九月四日的政府。在首都贊成政府的是五〇〇・〇〇〇對六二・六三八票。一月二十二日，布浪基派反對資產階級政府的第二次暴動也失敗了。這次失敗使反動更加強了起來，許多俱樂部被封閉了，運動的領袖被逮捕了。一月二十八日簽訂了休戰協定（實卽投降條約），同時幷宣佈選舉國民會議，這個會議在二月十三日開幕於波爾多。牠付予了梯厄耳以『執行的全權』。

（一一）十月三十一日的暴動——當巴黎傳遍巴塞將軍獻出密茨要塞的謠言時，羣衆卽沸騰了起來，要求罷免特洛許和選舉公社。無產階級中的一部份戰鬭員包圍了市政廳。政府被俘虜，幷且被宣佈廢止了。可是勝利者（雅哥賓派與布浪基派）

201

利用他們的勝利。長久地討論着新革命政府的名單，最後新政府是組成了，經武裝起來的羣衆却分散了。資產階級的戰鬪團體和特洛許的騎兵很快地就釋被俘虜的政府人員。逮捕了將近六十個暴動的指揮者。

（一二）梯厄耳（一七九七——一八七七年）——公社的劊子手，法國資產階級著名的政治活動家。他遠在十九世紀的二十年代，就以自由派和自由貿易的狂熱擁護者的資格踏上了政治舞台。一八二四年末，他創辦了一個名叫民族的反對派的報紙。然而梯厄耳所要求於布爾旁朝的，僅僅是憲法的誠實性。他曾經參加了一八三〇年的革命，在這次革命中他擁護奧爾良公爵（路易·斐利普）爲法國王位繼承人，梯厄耳很快地以反對改革者的資格加入國會爲議員，而擁護保守的政府。以『秩序』代替『自由』，現在便成了他的口號。他曾參加過鎮壓三十年代之里昂和巴黎的暴動。在一八四八年的革命中，他贊成共和國，爲的是以便出賣三月革命，像他在一八三〇年的七月革命中所幹的一樣。他起初擁護邦那巴特的總統制，隨後在立法會議上又加入君主政體派。他曾經贊成廢止普選法。一八五一年十二月，他因反對『布魯美月十八日』的政變而被驅逐出法國，但到一八五二年八月他又回到法國來了。從一八六三年起，他又重新恢復了他的政治活動。他在立法會議上起而反對政府，特別是因爲對外政策的問題。他是英法商約（這是根據於自由貿易的原則而訂立的）的反對者和保護貿易主義的擁護者。梯厄耳曾與拿玻崙第三的『民族』政策鬭爭過，因爲他認定以普魯士爲首的德意志的統一對於法國是有害的。當法國容忍奧國在一八六六年的戰爭中被削弱時，梯厄耳便宣稱；『不再犯錯誤，那是政府辦不到的』。可是他反對一八七〇年對普魯士的宣戰，却只是認爲法國對於這個鬭爭還沒有準備好。在一八七〇年的國民會議上，他被任爲負有『執行全權』的人。他指揮了對公社的流血鎮壓。自稱共和主義者的梯厄耳，認爲『我們的共和國，是共和國中之保守主義的』。因此牠可與一切君主派的共和國相協調。此外，梯厄耳還是一個著名的歷史家。他的主要著作有：自一七八九年布魯美月十八日起的法國革命史，執政時代與皇帝（拿坡崙第一）的歷史。足以表示梯厄耳的『歷史遠見』的，是他曾經反對過鐵路的建築，他認爲這是有害於社會的運輸工具。

（一三）國防軍中央委員會——巴黎的國防軍（首都的市民武裝）未被解除武裝時，曾與常備軍處於對抗地位。在這一問題上，俾斯麥曾與凡爾賽政府相接觸，向其指出；單用一枝筆簽押是不能解除無產階級的武裝的。二月十六日，各區的代表召集了一次協商會議，在這會議上決定了組織國防軍的戰鬪聯盟，并選出一中央委員會爲其指導機關。所通過的決議案，指出將來必須以全民武裝來代替常備軍。在國防軍中央委員會底下有三種機關；（A）工人會議；（B）戰鬪員會議；（C）軍團會議。中央委員會由六十八人組成。服從組織的有五分之四的國防軍；留在組織之外的僅僅那些富裕人口的區域。按照社會的成份看來，國防軍乃是首都無產階級與小資產階級的聯合體。布浪基派和第一國際的會員都積極地參加了中央委員會的活動。

(一四)望特姆凱旋柱——在一八〇六——一八一〇年建立於望特姆廣場，由奧國人和俄國人奪取來的一千二百尊大砲所鑄成，為一八〇五年拿坡崙第一『大軍』勝利的紀念。凱旋柱的頂上建造了一個拿坡崙第一的塑像。一八六三年十一月三日拿坡崙像上的三角帽和外套被除去了，而代以羅馬皇帝的外衣。望特姆凱旋柱，由於公社五月十六日的決議被消毀了，因為在公社看來，這是消毀關於軍國主義和民衆壓迫之紀念。但到一八七一年後，凱旋柱又恢復了原來的形狀。

(一五)布浪基·奧古斯特(一八〇五——一八八一年)——生於法國大革命中國民大會的一位議員(吉倫特黨人)家庭中。在一八二四年，布浪基即已加入了祕密共和主義派的社團。此後近半世紀中，凡是法國的大小陰謀組織無不有布氏的參加。布氏的生活，有三十七年是在監牢中渡過的。『布浪基派』，是法國社會主義的極端派之一。布浪基很快地就成了社會主義的實踐家。可是在他關於政治問題，經濟學，哲學及歷史的許多論文中，可以看到他對於革命觀念的系統之表現，這些我們稱之爲布浪基主義。我們可以從他的著作中指出幾種；祖國在危險中，宇宙空間的永恆性——天文學上的假設，奴隸與被壓迫者的軍隊，以及最後的基本著作：社會的批評——兩大本，出版於一八八〇年。布浪基主義的積極方面——曾教導了革命鬬爭與武裝暴動的意義，乃是奪取政權的唯一手段。爲要『從勞動的口中拔出口塞，以緊緊地塞入資本之口』，勝利的革命必須建立專政。革命的無產階級專政是逐漸地，可是是固執地接近於社會的改造的。然而革命不是突如其來的。布浪基主義，對於羣衆組織在準備工作上的意義估量得過低。在布浪基看來，無產階級和智識階級同樣地是革命的支柱。十九世紀六十年代，智識階級的成分在布浪基主義中的作用是加強了。特別是『一七九二年的傳統』，影響於布浪基主義者更大。由此便發生了馬克思主義與布浪基主義中間的分歧。在布浪基死後，他的擁護者在恩都亞德·伐依揚的影響之下，逐漸地與法國社會主義的馬克思主義派混合了。

（一六）貝爾·拉雪士——巴黎的墓地，公社主義者最後放棄的地方。一部份公社主義者的勇士，在這裏與全部凡爾賽的軍隊惡戰了一場。所剩下來的一部份活的英雄們，卽在這墓地的粉白高牆旁邊被槍決的（故後人稱爲『公社主義者牆壁』）。

（一七）伐依揚（一八四〇——一九一六年）——有一個時候作過第一國際總務委員會的委員。他以積極參加公社的資格加入了執行委員會爲委員。他根據他的信仰，曾加入了布浪基派。所以他在公社裏面是贊成公社的『多數派』的。在五月十五的示威運動失敗之後，他逃到了英國。他後來回到法國，又積極地參加了法國社會黨和第二國際的組織。伐依揚本來接近於法國社會黨的左翼，但在歐洲大戰時他又站在保衛祖國派的立場上去了。

（一八）普魯東主義者——畢爾·約色夫·普魯東（一八〇九——一九六五年）的信徒。普魯東，無政府主義的開山祖，乃是農民的兒子和青年排字工人。他的主要著作有：什麼是財產，經濟的矛盾或貧乏的哲學及工人階級的政治才能。一八四八年，他編輯過民衆代表報。他在這裏雖與一派前進的革命者從事鬭爭，但他還是

207

擁護下層民衆的。他曾因反對路易·拿坡崙而被判處三年監禁，但在一八五一年十二月的政變後，他又希望拿坡崙採取他的社會改革主張。後來因爲反對僧侶，又被驅逐出法國。普魯東在論財產的第一部著作中，曾證明『財產就是贓物』（一八四〇年），但隨後他又起而擁護『個人的，勞動的財產』。普魯東主義的中心思想是關於『互助主義』，即互相交換服務的學說。『利益等於利益，義務等於義務，服務酬以服務，工時等於工時。每一生產物，都以耗費同一勞動量和維持費的生產物報酬之。』由此便提出了所謂國民銀行或交換銀行，在這種銀行裏生產者將互相交換他們同等勞動的生產物。普魯東主義者表示贊成小商業反對大商業，贊成小生產反對大生產，反對罷工，反對採用婦女勞動。他們所堅持的是：工人運動的任務是工人階級的社會解放，因而反對參加政治的鬭爭。在政治領域內，他們否認現代的國家，主張用和平手段以工人協作組織的聯盟來代替牠。

（一九）可能主義者——法國社會主義中的一派。可能主義者或布爾斯主義者

（布爾斯的信徒），是在一八八二年色特·恩第尼大會上與黨分裂出來的一派。他們與馬克思主義者（格德的擁護者）之分歧點，則在對於黨的任務的估量之不同。可能主義者（卽可能實現的意思）就是改良主義者，漸進主義者。布爾斯曾經說：『我主張把理想的目標分成幾個階段，并在我們的要求上加上這樣的性質，以便終於使牠們可以實現。』

（二〇）平民投票——卽全民投票，其舉行的目的在批準推翻國家的法律。在國際關係上舉行平民投票，大都是爲了對於合併已奪領土之認可。拿坡崙第一與拿坡崙第三，爲了藉『民衆意志』以確定他們的國家政變（一七九九年布魯美月十八日及一八五二年十二月二日的政變）曾不止一次求援於平民投票。

（二一）『十二月十日團』——這是各種階層人民中最卑鄙污濁的一羣，路易·拿坡崙曾利用牠以爲施行恐怖的一種力量，并同時在一八四八年總統選舉中，一八五一年十二月二日的政變及以後皇帝的一切平民投票中，都利用了牠當作賄買選舉

209

人的工具。

（二二）哥爾却可夫侯爵（一七九八——一八八三年）——十九世紀俄國的政治家，亞歷山大第二的外交部長。哥爾却可夫侯爵是一個舊派的外交家，完全不懂資本主義發展時代的新要求，只是作了各種貴族集團的工具。他反對聯合意大利，在壓平波蘭暴動之後與普魯士親近，把沙皇的外交政策建立在對俾斯麥的依賴上。他最後不名譽的活動，表現於一八七八年為終結俄土戰爭而開的柏林會議之上。在這次會議上，他又一次暴露了沙皇俄國的輭弱及其外交政策指導者之無能。

（二三）美國奴隸主人的叛亂——北美（這裏已採用了自由僱傭勞動）與南美（這裏還保存着奴隸勞動）間的國內戰爭，開始於一八六一年。北方的工業資產階級，企圖使南方種植棉花的所有主（他們企圖擴大使用奴隸勞動的範圍）服從他們。當一八六五年四月，南方的軍隊首領李將軍被北方的軍隊首領格拉特將軍圍困時，戰爭便終止了。在歐洲，英國的資產階級是站在南美方面的。有一位歐洲的政治家宣稱：『我們不喜歡奴隸制，但我們需要棉花』。工人們却站在北美方面。解放黑奴，早在一八六三年就被宣佈了。

（二四）特洛許（一八一五——一八八六年）——法國的將軍，他早在七月王政時代（十九世紀三十至四十年代）的亞爾及耳遠征中就露頭角了。他之參加拿坡崙第三第二帝國時代的戰爭，是在克列姆戰爭（意大利的遠征）中。但他總是時常站在拿坡崙皇帝的反對派方面，特別是爲了他論法國軍隊那部引起喧嚷的著作（一八六七年）。他以巴黎總督和首都軍隊指揮官的資格，與裘爾·法維爾指導了國防政府。他是常常採用雙重意義的政策的。他向首都的人民宣稱：『沒有任何東西強迫我們放棄自己手中的武器……巴黎總督特洛許無論何時都是不會投降敵人的』。可是他同時以政府的一員宣言，要使巴黎從普魯士人脫離開來，是不可能的。他的政策之遲緩與虛僞，造成了巴黎軍隊的第一次失敗。在首都人民堅決要求之後，一八七一年一月二十日起被迫免職了。

211

（二五）裴爾・法維爾（一八〇九——一八八〇年）——法國的政治家。他以外交部長的資格參加了凡爾賽政府的工作。他之踏上政治舞台，是在復辟時代（十九世紀二十年代）。他以共和主義者的資格，曾積極參加了一八三〇年的革命。他又以辯護人的資格，替一八三四年的反叛者辯護，但并未決定與政府繼續鬥爭到底，所以從抵制法庭審判的過程中就脫離了。在一八四八年的革命中，他作了內政部的祕書。他曾主張，把路易・布浪交付法庭，贊成對革命團體採用報復手段等等。在拿坡崙第三之下，他是國中『五個』『極左的』議員之一……他參加了一八七〇年九月四日的政府。他在他九月六日的決議案中，曾宣言與普魯士人的戰爭必須進行到最後的勝利爲止。可是到九月十九日，他便已經與俾斯麥進行祕密的談判了。一八七〇年十二月六日，他公開提議與德國人進行談判，到了一月他即完成了巴黎投降的談判。他并和俾斯麥交涉放還了一部份被俘虜的法國軍隊，以爲鎮壓公社之用。

（二六）珂爾旁・克羅特—亞尼第（一八〇八——一八九一年）——農民出身，

作過機織工人，後來又作過印刷工人和木刻師。他是勞工報的創立者和編輯者之一。他在基督教社會主義思想的精神上發見了生產勞動協會的觀念，并與資產階級共和派報紙民族的政治傾向相接近。在二月革命時代，他是立憲會議的議員，曾加入了民族的資產階級共和主義派。在路易·拿破崙政變之後，他有個時期脫離了政治活動。當第一國際成立時，他成了牠的一份子。一八七〇年九月四日的革命後，他在巴黎被選舉為第十五區的區長，并在公社時期內參加了巴黎區長的妥協政策。在一八七一年七月二日的補選中，他被選為國民會議的議員，一八七五年被選入上議院。

(二七)公社官報——是公社的一種公報，公社在四月二十五日的一號上曾公佈了巴黎砲兵指揮義輿將軍致騎兵司令索向因將軍的一封公函。義輿將軍在這封公函中以無恥的坦直，批評那抵禦普魯士人對巴黎的進攻，直等於單純地『向空中放鎗』。

(二八)米里厄爾（一八一七——一八七一年）——著名的新聞記者和公社的活動者。他生於桶匠的家庭中，自已幷作過二十年桶匠。他曾參加過一八四八年的革命。他是馬塞報的創辦人，在這報上曾刊佈了一大批關於社會問題的論文。九月四日之後，他被選爲國防軍戰鬥隊第二百〇八隊的隊長。他又被選爲國民會議的議員。他作過公社報的編輯。米里厄爾是個集體主義者。在他看來，現代的社會是爲『無政府及個人主義所統治的』。依他的意見，公社應當保護各階級的利益。他後來被凡爾賽派所槍決。

(二九)辟卡爾（一八二一——一八七七年）——第二帝國時代的共和主義者兼律師。他是立法會議中共和主義派的『五人』之一員。他作過國防政府要員一八七〇年的財政部長。他與法維爾一起進行了出賣巴黎的談判。他在梯厄耳內閣中作過內政部長。

(三〇)卡爾・佛赫特（一八一七——一八九五年）——德國著名的博物學家和

資產階級的激進主義者。他的專門著作是關於動物學，地質學及人類學方面的研究。主要的著作有：生理學書信集和人類演講。佛赫特是一個唯物論的自然科學家和達爾文主義的熱烈崇拜者。在一八四八年的革命中，他被視爲激進民主派而被宣判過死刑。在五十年代，他是站在拿坡崙第三這方面的。因爲他的朋友馬克思，暴露了他的眞面目，所以他就進行誹謗以反對馬克思。馬克思寫了一部著名的小册子『佛赫特先生』以資答覆，在這裏曾給了資產階級的民主主義及其代表佛赫特的特性以致命的批評。

（三二）裘爾。傅利（一八三二——一八九三年）——律師，公法學者，第二帝國時代的資產階級共和主義者。一八六九年立法會議中『五個』共和主義派代表之一，一八七〇年國防政府的委員。他在十月三十一日的暴動時曾被逮捕過，但隨後又爲政府的軍隊所開釋。在公社時代，他處在巴黎外面。公社沒落後，他被任爲色因省的地方長官。他贊成一八七五年的憲法。傅利以共和派資產階級代表的資格，在國會中首先起而反對『左方』的危險。他與尊僧主義派曾進行過鬥爭（關於一八八〇年驅逐伊業沮伊特派的法令），并且是法蘭西殖民地的，即帝國主義的政策（如奪取突尼斯及杜基尼的遠征等）之狂熱的擁護者。

（三二）一八三一年二月十四日，巴黎的聖·日耳曼·洛塞洛亞教堂與大主教的住宅之被毀，乃是強烈的反尊僧主義派及反正統教派運動之結果。至於這種運動的發生，是由於反對倍利公爵（布爾旁的代表）被刺（一八二〇年）的紀念日中舉行隆重典禮。

（三三）倍利公爵夫人——波爾多的公爵，（即香鮑爾伯爵）格利赫·布爾旁的母親。格利赫在一八三〇年革命後僭稱了法蘭西的王位。公爵夫人曾指導了一八三二年尊王黨的謀叛。一八三三年被捕之後，又發見了她與一個意大利侯爵的祕密關係，因此而終結了她那尊王黨首領的政治作用。

（三四）德郎斯諾囊街的屠殺——是一八三四年四月對巴黎暴動者之空前大殺

戮。當時首都的許多狹街陋巷（如德郎斯諾囊街，法波爾街，莫白街及阿沮洛斯街等等）都佈滿了巷戰欄柵。巴黎的暴動，是隨着里昂一八三四年的第二次暴動而來的。那時所謂祕密的『人類與市民法權社』也已經組織起來了。

(三五)『轟炸王』——是指西西里（意大利）斐迪南二世，他曾一下取消了一八四八年的憲法，恢復了皇帝的特權與專制。他在一八四八年後採取這種猛烈的手段，正同他以前用這同一手段實現一批政治改革是一樣的。

(三六)愛斯巴爾特羅（一七九二——一八七九年）——西班牙的政治家。在十九世紀二十年代，他曾參加過鎮壓南美洲西班牙殖民地的叛亂者。在四十年代，他又頌揚鎮壓西班牙本國的共和主義運動。當五十年代自由派的運動在西班牙開始時，他作了王權的支柱。

(三七)基佐（一七八七——一八七四年）——法國著名的政治家和歷史家。一八一四年，他參加了關於反動的出版法之編製。在復辟時代（一八一五——一八三

○年），他是『正理論』黨的首領——這個黨是傾慕於英國的立憲制度的——并曾作過路易十八和查理第十政府的反對派。在七月王政時代（一八三○——一八四八年），他任過好幾次法國的總長，并與一切民主主義及反對派運動的陰影鬥爭過。基佐曾站在資產階級利益的崗位上發出口號：『積蓄吧！』歷史家的基佐，是新派歷史研究家的創始者。這派歷史家，乃是以說明代議制的歷史發展爲己任的。他的基本著作有：代議制史，英國革命史，法國文化史等等。

（三八）米拉博（一七四九——一七九一年）——法蘭西大革命開始時期的著名活動家。米拉博出身於知名的貴族家庭。他在青年時代曾遭受了舊制度不少殘酷的壓迫。由於他父親的詭計，他曾被禁於維色城的監獄中。在三級會議上，米拉博導演了第三等級反對國王專制的指導者的作用。米拉博是那一部份受了法國資產階級發展影響的貴族的代表，因此他只主張在保存王權之下建立立憲政體。國民大會的社會改革，對於米拉博是完全不可調和的。米拉博很快就走到了與貴族妥協，并被購買而擁護路易第十六的事業了。從他死後所發現的罪證，米拉博便由革命的偶像而變成了法國革命羣衆眼中的叛徒。

（三九）『秩序黨』——在二月革命（一八四八年）的初期中組織成功的，還是各種資產階級君主立憲派集團的臨時協會。這個黨的口號是：『擁護財產，家族和宗教』。牠化費了鉅量的金錢在各省設立許多支部，并取得了一切私有者羣衆——農民及小資產者——的同情。

（四〇）倫敦會議，是爲了海峽問題於一八四一年七月十三日集合的。在這次會議上，各強國都簽字發表宣言，禁止各國軍艦通過達達尼爾和波斯弗爾海峽。

（四一）倍利（一七九五——一八七八年）——普魯東主義者，第一國際的會員。在公社時代，曾充任過財政委員會的委員和法蘭西銀行的代表。他寫了一部有趣的回憶錄，并著了一部名爲公社之眞理的書。

（四二）索拉（基督紀元前一三八——七八年）——羅馬的執政官。他是在多次戰爭中顯要起來的。紀元前八八年被選爲執政官，并領導了反米都利達特的戰爭（米都利達特爲波尼第皇帝的名字，波尼第王國靠近亞美尼亞的黑海邊，成立於紀元前第四世紀）。當他退職時期，在羅馬曾發生過推翻他的企圖：人們把他當作貴族的代表來反對，并且因此形成了一個黨，其領袖爲平民的護民官蘇利畢茨·盧弗。此後，索拉曾成功地領導了好幾次反羅馬的暴動，於紀元前八三年率領四十萬軍隊回到意大利，最後佔領了首都。索拉在羅馬的地位鞏固之後，卽沒收了被征服者的財產，將牠們分配於自己的親近，并強迫元老院選舉他爲無定期的執政官。隨後，他又利用權力以限制平民會議的立法權，限制平民護民官的權力，增加元老院的議員數目等等。

（四三）奧爾良派，正統派，邦那巴特派——法國十九紀中反對共和國擁護君主政體之各個集團的名稱。正統派擁護布爾旁王朝和無限制的君主專制政體，牠所代表的是大地主的利益。奧爾良派擁護奧爾良王朝和立憲君主政制，牠是財政貴族和大工業資產階級的聯合。邦那巴特派則代表法蘭西一切私有財產者的利益，在共產主義的恐怖之下，牠與私有者的農民聯盟，在牠看來拿坡崙不只是一個名號，而是一個反對『紅色共和國』的政綱。

(四四)Chambre introuvable——『無雙議會』——一八一六年的國會之稱呼，是在布爾旁第二次回到法國之後(一八一五年)選舉出來的。這個國會中的絕大多數是由保王黨所構成。稱牠是『無雙的』，因爲牠較之政府本身還要反動得多。『無雙議會』曾通過了許多反動的法律：如反對革命者的特別法，禁止離婚法，甚至企圖解散保證法律的憲法會議等等。

(四五)杜福爾(一七九八——一八八一年)——國防政府的司法部長。他之顯露頭角，是因爲他曾在國民會議中申請政府應追究『妥協的說教者……他們把由普選產生的國民會議與僭稱的巴黎公社放在同一水平綫上的。』

(四六)夫婁郎斯(一八三八——一八七一年)——公社軍事委員會的委員，馮

221

賽報的主筆，於一八七一年四月三日公社軍隊施行突擊時被殺。

（四七）蒙馬德爾，倍爾維爾，拉·維列德——巴黎無產階級的住宅區。特別是蒙馬德爾含有鉅大的意義；因爲在這裏曾收藏着大批武器，凡爾賽政府的首領梯厄耳企圖於三月十八日奪取這批武器，因而激起了暴動。

（四八）喀因——法國所佔南美洲東北部之黑瓦尼的一部份地方。其地卑濕而不合乎衞生，早在法國大革命時就成了革命者的流放地。但在一八五二年（在拿破崙第三之下），喀因便特別指定爲流放區了。直到現在爲止，黑瓦尼的苦役監還是以管理異常嚴厲著名的。

（四九）勒康特與克列孟·多瑪——克列孟·多瑪是一八四八年六月無產階級戰士的平定者；勒康特將軍是凡爾賽政府軍隊的指揮官，他曾命令第八十八聯隊的戰鬥員在三月十八日那天向國防軍和民衆開火。他們兩個都爲民衆所逮捕，并爲轉變到民衆方面之同一的第八十八聯隊的士兵所槍決。

（五〇）赫克朗男爵（若累斯—夏爾利丹特斯）——與詩人普希金決鬥的殺人犯。他回到法國去之後，即作了第二共和國時代立憲會議與立法會議的議員；他是個邦那巴特派和保守主義者。

（五一）亨利·特·配因——法國的新聞記者，起初是正統教派，後來又變成邦那巴特派。他是哥爾人報和巴黎日報兩個報紙的創辦人。

（五二）海軍大將塞塞的示威運動——巴黎各區區長出來反對公社的成立，一羣交易所員及投機商人，爲了他們的活動所鼓勵，曾於三月二十一日向望特姆廣場出發，高聲叫喊：『國民會議萬歲！打倒公社！』支持他們的是資產階級的住宅區。區長會議任命了塞塞海軍大將爲國防軍的指揮官——塞塞本人幷出席國民會議宣稱：『是的，如果我們的要求在巴黎達到了，就將訴之於各省，以便終止這個混亂時期！』巴黎資產階級的市區長們，在巴黎與凡爾賽調和的形式之下幹了這一切。後來塞塞作了凡爾賽軍隊的指揮官之一，幷在奪取巴黎時更顯赫了起來。

（五三）調伐爾（一八四一——一八七一年）——公社軍事委員會及執行委員會的委員。他是鑄工出身，作過國防軍的將軍。他是第一國際的會員，同情於布浪基派。在公社未陷落之前，他就被凡爾賽派所俘虜而槍斃了。

（五四）迦里佛（一八三〇——一九〇九年）——法國的將軍，屬於法國軍事顯貴人物之一，在色當戰爭中作了俘虜。當鎮壓公社時，迦里佛將軍以指揮凡爾賽軍隊的旅團著名。一八七一年以後，他參加了共和國各種高級軍事機關的工作。在一八九九——一九〇〇年間，他作了軍政部長，并表示維持軍隊中一切反共和主義者的份子。

（五五）泰梅蘭（或第母爾）——沙馬爾干的大都督，在十四世紀會以他的侵掠被稱於世，并以殘酷著名。

（五六）服爾泰（一六九四——一七七八年）——法國十八世紀著名的哲學家和著作家。在哲學範圍內，他似乎是自然神主義者，并在寬容異教的名義之下與僧侶進行鬥爭，但同時又認定宗教是民衆必需的社會制度。服爾泰是專制主義的仇敵，他把英國的立憲制度加以理想化，但同時又逃避政治和革命的鬥爭。服爾泰在科學和藝術的領域內，是特別多產的一人。他的著作的第一版，即由七十大册搆成。

（五七）德朗（一八二八——一八九七年）——銅模鑄造工人。他於一八六一年踏上了政治舞台。在他那時代，他是法國工人運動中的中心人物。他第一次參加了爲一八六二年倫敦國際博物展覽會派送代表的政府委員會。一八六三年，他以提議推舉獨立的工人政治候選人而著名。與他的名字相連的是所謂『六十人宣言』（一八六四年二月十七日公佈於巴黎），在這篇宣言內表示了選舉中工人要求獨立候選人的基本意見。宣言的基本意見是：『普選法能使我們在政治上變成成年人，但我們還不能得到社會的解放。』『……沒有我們，資產階級不能造出任何東西，但沒有資產階級的協作，我們的解放可以拖延長久的時期。』德朗曾受了普魯東的觀念之強烈的影響。他以法國代表的資格，曾成爲第一國際的組織者之一。在巴賽爾大

225

會上（一八六九年），德朗擁護個人主義財產的原則，以反對集體主義。在他以後的行動中是『輝耀的』。在被選爲國民會議的議員之後，德朗卽與巴黎資產階級的市區長們一道，企圖使公社與凡爾賽相『調和』。隨後他完全轉變到波爾多的國民會議中去服務了。他投票贊成第三共和國的憲法，作了上議院的議員和標準的叛徒。

（五八）中世紀的公社——脫離封建諸侯而以自己的選舉機關來管理的城市之稱呼。在歷史上著名的，是意大利的公社，在這裏較之別的地方早就積聚了資本，其經濟的能力足以供給與封建諸侯進行政治的鬥爭（十一世紀——十四世紀）。隨着資本主義的往前發展和絕對君主專制主義的勝利，城市又失掉了牠的獨立性和牠的特權。法蘭西的城市公社，主要是巴黎公社，也是應當特別指出的。遠在十六世紀與封建主的鬥爭中，巴黎的商人就佔了首要的地位；在法蘭西大革命時代，巴黎的公社曾成了全國民主革命的中心。由於公社在過去許多世紀的解放鬥爭中所起的作用，因而在十九世紀的法蘭西便發生了一種公社主義的學說。

公社主義，是第二帝國時代傳播於工人及小資產階級中之一個思想派別。公社主義，在各派思想家中是與正在開展的工人運動的弱點同時發生的，這種工人運動集中於大城市的中心而被農民的洋海所包圍，——成爲未來共產主義核心的工業中心，即由此分化出來。在公社的『多數派』和『少數派』中，公社主義是一種傳佈最廣的學說。『多數派』——雅哥賓派與布浪基派——認爲他們的理想是一七九二——一七九三年的公社；『少數派』——社會主義者——則幻想廢止被他們視爲現代社會的根本罪惡的國家，而代之以城市公社的善意的聯合。

公社主義是普魯東學說——普魯東主義——之自然的結論。牠的發生是由於羣衆之仇視拿坡崙第三帝國的官僚主義，仇視壓迫一切下層民衆自發力的集中化。

（五九）孟德斯鳩——法國十八世紀中著名的政治思想家（一六八九——一七五五年）。他是法國傾向於政治改革的一部份貴族的代表。孟德斯鳩的政治學說是以英國的憲法爲模本的。孟德斯鳩的第一部政治著作波斯人的書信，是當時法國宮庭圈中最惡毒的諷刺文。他的基本著作爲法意（一七四八年），在這部著作中，孟德斯鳩企圖把法律解釋爲社會的盛衰禍福之一般的根源，他並且認爲社會的形式是依存於國家的地理特性及人口的繁殖特性之上的。在他的學說中佔着中心地位的，是政權分立論，這是被視爲征服當時絕對專制主義之一種手段。立法權應當從行政權和司法權分離開來。

（六〇）吉倫特黨——法蘭西大革命時代立法會（一七九二年）與國民大會（一七九三年）中代表資產階級的一個派別。這個名稱之所以被普遍運用，是因爲這個派別的一部份（其中主要的領袖）是由吉倫特省的議員構成的。十八世紀的經濟學思想家中，吉倫特黨是自由貿易的擁護者，與那主張破壞大產業的雅哥賓派曾進行了頑強的鬥爭。五月三十一日至六月二日的暴動，消滅了當作一種政治勢力的吉倫特黨的影響；這個派別的指導層，國民大會的議員，都被逮捕，隨後都被執行了死刑。

（六一）"Kladderadatsch"——一種幽默的雜誌，創辦於一八四八年，曾被視爲德國資產階級民主派之一個諷刺的雜誌。但很快地就失去了牠的意義。現時則落於民族主義者的掌握中。

（六二）赫胥黎（一八五二——一八九五年）——英國卓越的動物學家，他在胎生學，生理學，比較解剖學和古生物學方面的著作，是最著名的。他對於達爾文的理論上盡了不少的勞績。

（六三）十億賠償——是指復辟時代（一八一五年查理第十的統治下）的國會代表，建議大革命時代所沒收的貴族土地應加賠償。賠償的數目應等於一七九〇年的收入二十倍。

（六四）四十五生丁的附加（一生丁等於百分之一法郎）稅——爲一八四八年二月革命後臨時政府的財政部長所推行，是加在農民所繳納的直接稅每一法郎上的附

229

加税。這種『四十五生丁稅』一直推行到立憲會議之召集，因此引起了農民對於共和國的反抗。

（六五）迦納斯哥（一八三〇——一八七七年）——法國的共和主義者，生於羅馬尼亞。他在一八六〇年出版了一種反對派的報紙，名爲"Currier du Dimanche"。他被法國驅逐後，又在福朗克佛·馬茵繼續他的活動。一八六八年他回到法國，作了在本質上是擁護皇帝邦那巴特的雜誌議會的編輯。當皇帝沒落後，他又轉變到了共和國一方面。

（六六）奥斯曼——巴黎的地方長官，曾於五十年代（拿坡崙第三治下）着手改建巴黎。凡是有利於建築巷戰障礙物的舊式灣曲街道和小巷，都改造成爲寬廣的筆直的馬路，以便政府軍隊在有事時容易從事軍事活動。由奥斯曼所開始的工作，同時也就算是政府方面賑濟了失業工人。

（六七）『網球場』宣言——『網球場』是第三等級的代表從三級會議分裂出來

後臨時集合開會的一個地方（因爲三級會議經常開會的場所已被國王下令封閉）。在這次臨時集合的會議上通過了一個宣言，立誓在未通過憲法前決不解散這個會議。這個會議成立於一七八九年六月二十日。

（六八）哥布倫茨僑民團——法蘭西大革命時期（一七九〇——一七九二年）的反革命者，他們從法國逃出後，即在法德的邊界哥布倫茨地方組織了反革命的中心。

（六九）特·柯隆的法蘭西——特·柯隆（一七三四——一八〇二年），路易十六的財政總長，在革命的前夕他曾企圖藉不斷發行公債，改鑄金幣和增加新稅以挽救法國的財政危機。當時他幷想課收貴族階級的租稅。但遭到了失敗，幷被迫而辭職。在革命那些年頭中，他在哥布倫茨做反革命僑民團的領袖。一八〇二年他得到拿坡崙第一的允許回到了法國。所謂『特·柯隆的法蘭西』，乃是指反革命的，君主專政的法蘭西。

（七〇）馬克·馬昂（一八〇八——一八九三年）——法國總司令官。他以軍事領

231

袖，公社的劊子手及以後的法國總統聞名於世。他曾參加過克列姆之役（一八五五年）和意大利的戰爭。一八七〇年，他在色當戰爭中與拿坡崙第三的全部軍隊作了俘虜。釋放之後，他卽率領軍隊擊潰了公社。一八七三年，當梯厄爾沒落之後，他在君主專制派的支持之下被選爲共和國的總統，那時的君主專制派是想藉他的援助以恢復布爾旁的。無論在戰場上，政治生活上，他都沒有表現特殊的勇敢，他不曾決定舉行有利於君主專制派的強制政變，因此在一八七九年被迫辭了職。

（七一）羅馬的三頭政治——三頭爲：列比杜斯，安東紐斯和奧克泰維努亞斯，依紀元前四八年十一月二十七日的民衆決議，他們的統治期爲五年。但因爲三頭執政間的猛烈鬥爭，前兩個執政很快地就沒落了，而政權卽轉入了第三個執政之手。

（七二）華盛頓的國會議室——北美合衆國大會開會的會場。一八一二年在華盛頓的圍攻之下，曾爲英國的軍隊所焚燬。

（七三）中國皇帝的避暑宮殿——自十九世紀四十年代起，英法採取了許多次堅決的軍事手段以征服中國。當一八五六年中國人奪取了一隻掛英國國旗的汽艇時，英國即向中國宣戰了。在宣教師，即夏德林司鐸被中國人殺戮之後，法國也就立即與英國聯合行動。以愛利治勳爵和赫羅男爵爲首領的聯軍，於一八五八年六月達到了天津，并強迫中國政府簽訂了關於允許給歐洲人以商業特權及英法兩國代表駐於北京的和約。但當一八五九年英法的全權代表企圖進抵北京時，他們碰到了射擊。因此戰爭又重新開始了。一八六〇年十月，歐洲的軍隊佔據了中國首都的門戶。十月十八日，遠征軍的指揮官愛利治勳爵下令焚燬了中國皇帝的避暑宮殿（譯者按：即圓明園），在這個宮中曾收藏了皇朝（滿清）的無數實物。最後，中國被迫而簽訂了和約。英國獲得了許多土地的讓與和貿易特權。隨後，中國政府藉着歐洲人的幫助，壓平了農民及排滿者的暴動（太平天國運動）。

（七四）卡汾涅克（一八〇二——一八五七年）——法國的將軍。一八四八年被國民會議任命爲軍政部長。在六月暴動的日子裏，他是被奉爲鎮壓工人武裝隊（他

233

們頑強地堅持着巷戰）的獨裁者；他執行了這一任務之後，就被資產階級的國民會議『光榮地』一致地推舉爲執行委員會的主席。在路易·邦那巴特的政變之後，他被視爲温和的共和主義者而被辭退了。

（七五）亞夫爾（一七九三——一八四八年）——巴黎的大主教。在六月的日子裏，他曾企圖在軍隊與巷戰的戰士中間進行調解。他被政府軍隊從巷戰中所發出的流彈所打死。他的死，曾被利用鼓動加特列教兵士的仇恨以反對巷戰的戰士們。

（七六）喬倍爾（一七九八——一八七四年）——大地主和工業家；在七月王政時代作過國會議員和梯厄耳內閣的社會事業部部長；他素以政治意見的動搖著名。一八七一年被選入國民會議，在國民會議中他屬於奧爾良派。

（七七）夫倫凱爾（一八四四——一八九六年）——金銀工人，第一國際的會員，國防軍中央委員會的創立者。他以財政·勞動交換委員會委員的資格，積極地參加了公社的活動。他在基本問題上是接近於『多數派』的，但常常投票贊成社會主義的『少數派』。

（七八）頓布洛夫斯基（一八三八——一八七一年）——公社的將軍，波蘭的僑民革命家，曾積極地參加了保衛公社的一切活動。公社之委任他爲指揮官，是把他在首都人民面前當作『國際共和派之大公無私的忠實的士兵』來看待的。他死於公社的巷戰之中。

（七九）夫洛布列夫斯基——波蘭的僑民革命家，公社的軍事保衛者之一。在五月天，他被任指揮列陣於首都塞因河左岸之全部軍隊和堡壘。五月廿四日，他領導了幾千公社社員，在三十六小時的當中英勇地抵抗了敵人整個軍團之進攻。

譯後記

恩格斯曾經說過，法國人將盡着革命的創始作用，這話現在證明又有具體的眞實性了，法國無產階級自一九三六年六月大罷工以來，不斷的從事再接再厲的鬬爭，這種鬬爭已臨近了最後的決戰，西班牙法西斯的勝利，推動了這種決戰時期的到來。

法國無產階級是有革命傳統的，巴黎公社開闢了歷史的新頁，予此後的蘇維埃國家組織，與無產階級專政以模範，在此法國無產階級又將以其血肉與忠誠，創造光榮的未來的社會主義的時期，譯出馬克思的名著法蘭西內戰，這是不無意義的事。

我的譯文原是根據兩種日譯本譯出的，譯完後由凡西兄按英文本俄譯本詳加校正，並添譯了俄譯本的序文與公社的宣言，校閱時的用力之勤，讀者明眼，自能知道的。

附錄註釋是陶伯兄根據俄譯本代爲譯出的，俄譯本的註釋特別有價值，不忍割愛，故雖正文中已隨時有所註解詮釋，仍譯附在後面，供讀者參攷。

一九三七，三，一五，譯者。

馬恩名著譯叢預告

馬恩名論選
給顧格爾曼的信
政治經濟學批判
神聖家庭
英國工人狀況
哲學之貧困
拿破崙第三政變記
伏格特先生
馬恩通信集

書名	法蘭西內戰
著譯者	馬克思著　郭和譯
出版者	海潮社
發行者	金星書店　上海九江路二一〇號
	中華民國廿八年四月十五日初版
	實價六角

馬恩名著譯叢預告

馬恩名論選
給顧格爾曼的信
政治經濟學批判
神聖家庭
英國工人狀況
哲學之貧困
拿破崙第三政變記
伏格特先生
馬恩通信集

書名 法蘭西內戰
著譯者 馬克思著 郭和譯
出版者 海潮社
發行者 金星書店 上海九江路二一〇號
中華民國卅八年四月十五日初版
實價六角